做需要做的事
不要只做领导交办的事

王天成　著

新华出版社

图书在版编目（CIP）数据

做需要做的事，不要只做领导交办的事 / 王天成著.
北京：新华出版社，2014.12
ISBN 978-7-5166-1327-6

Ⅰ.①做… Ⅱ.①王… Ⅲ.①企业—职工—职业道德
Ⅳ.①F272.92

中国版本图书馆CIP数据核字（2014）第269107号

做需要做的事，不要只做领导交办的事
作　　者：王天成

出 版 人：张百新		**责任印制：**廖成华	
责任编辑：黄绪国		**装帧设计：**图鸦文化	

出版发行：新华出版社
地　　址：北京石景山区京原路8号　**邮　　编：**100040
网　　址：http://www.xinhuapub.com　http://press.xinhuanet.com
经　　销：新华书店
购书热线：010－63077122　　**中国新闻书店购书热线：**010－63072012

照　　排：图鸦文化
印　　刷：北京旺鹏印刷有限公司

成品尺寸：145mm×210mm　1/32
印　　张：7　　　　　　　　　**字　　数：**150千字
版　　次：2014年12月第一版　　**印　　次：**2014年12月第一次印刷

书　　号：ISBN 978-7-5166-1327-6
定　　价：25.00元

图书如有印装问题请与出版社联系调换：010－63077101

目 录

57 第二章
自动自发 做需要做的事

前言

杰出的员工，
绝不坐等吩咐！

　　小的时候（上世纪60、70年代吧），我们那儿的乡村晚上照亮还用桐油灯盏。往一个浅底的碗中倒进些许桐油，用几根棉线搓成灯芯，放进桐油中浸一浸，然后一头放在碗沿外，一头放在碗底的桐油中，点上，灯芯便燃起来了。但桐油不好燃烧，不一会儿灯芯就变得结实，油上不来，灯光暗了下去。这时须用针挑一下灯芯，灯芯才能上油再次亮起来。一个晚上，不知道要挑多少次灯芯。

　　农村的智慧老人们因此发明了一个歇后语——桐油灯盏，不拨不亮，用来说一个人做事没有主动性和眼力劲儿，总是需要别人吩咐和督促。我的母亲就经

1

常用这句话来说我们兄弟几个。

后来，桐油被煤油取代，再后来被电取代，夜晚照亮便成了一件简单的事，这个歇后语便也渐渐消失在历史中了。现在的乡下，只是能偶尔听到上了年纪的人用这个比喻来说自己爱偷懒的孙辈们。

但是，桐油灯盏式的员工在当今的职场中随处可见。

他们总是坐等上级安排任务，领导不吩咐，便无事可做。

他们只有当领导出现在面前时才主动，领带不在便消极懈怠。

他们机械地执行领导的指示，不能或害怕发挥自己的判断来创造性地完成任务。

他们做事拖拖拉拉，不能雷厉风行。领导催一下，才动一下。

他们不愿意从小事做起，总是希望做大事，一朝成名。

他们总在抱怨，抱怨工作，抱怨领导，抱怨同事，抱怨顾客。

……

　　这样的工作态度绝对是员工个人成长和企业发展的障碍。今天，就业形势日益严峻，一个工作岗位有很多人竞争，那些事事待命、满足于完成交付给自己的任务的员工，将会在竞争中败下阵来。在许多领域，市场一片红海，那些不能激发员工的主动性和创造性的公司就好像站在危险的流沙上，早晚会被淘汰、淹没。

　　这本书的目的就是要纠正这种工作态度，告诉员工：不要只做领导交办的事，要做需要做的事！

　　今天，员工不仅仅是服务于企业的小小个体，员工也有机会成为自己的品牌。当员工能够切实了解自己的努力对于达成公司使命和目标的重要意义时，当员工能够积极主动地表现自我，努力做更多需要做的事，力图对工作、对所在的部门、对每一个工作项目产生重要影响时，员工就会不知不觉成就自己，提升自己，使得自己成为组织中的一个品牌。

　　当员工能够做工作的主人，不再被动工作，而是主动出击时，他就会目睹自身行动所产生的影响：第一，他会发现自己愿意学习新的工作方式，会发现自己正在成长和进步，会发现自己能做的事原来更多；第二，作为积极行动、推动公司前进的人，他会赢得别人的尊敬和推选，有机会承担更重要、更具挑战性、薪酬更高的职位。

做需要做的事，不要只做领导交代的事，这是一种应时代发展需求而自然创生的工作态度，能让员工成功，让企业成长，是企业和员工达到共赢的工作哲学。因此，企业需要向员工普及这种工作哲学，而员工更需要深入领会这一工作哲学并将之贯穿于自己的全部职业生涯。

主动执行，不做桐油灯盏式员工，应该成为每一个企业、每一个员工的工作哲学！

第一章

雷厉风行 做好领导交办的事

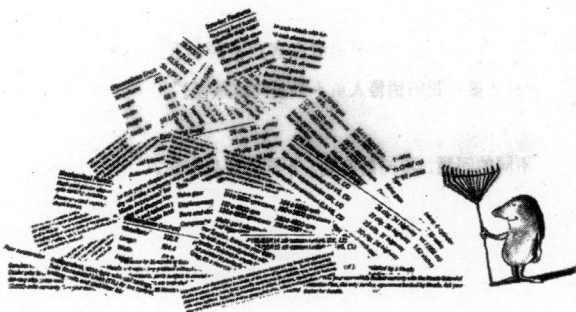

领导交办的事无小事

　　喜欢做大事，梦想通过大事表现自己的能力，达到一定的成就，这没有错。但只想做大事，只对大事感兴趣，不想做小事，看不起小事，忽略小事，领导一交办小事就不乐意，对大事满怀热情，对小事敷衍了事，这种工作作风是非常要不得的。

　　这样的做法，不仅会做不好小事，给公司带来损失，而且会因为你做不好小事，而失去做大事的资格——你连小事都做不好，还能做好大事吗？

　　最根本的，只想做大事，不想做小事，说到底是你想成就自己，而不是想成就团队。任何团队——国家政府机关、外资合资企业、私营小公司，需要的都是能为集体带来荣誉和效益的付出精神，而排斥个人英

雄主义。

再者，"天下难事，必作于易；天下大事，必作于细"，就算你想做大事的出发点也是为集体着想，那么也得从小事开始，也要把小事做好，因为领导交办的事，小事也并非是小事。

做得了小事，才能做大事

有些职位，是需要每天处理大事的，大事攸关全局形势变化，需要的是最有能力的人——领导或业务骨干来担当。但是就算一把手，也不可能完全抓大放小，甚至有时候，他们需要从更多的小事中来探索可以让大事继续进行的根据。还有很多职位，它们的功能就在于协助其他职位完成各种各样琐碎但又非常具体的工作。另有一些职位的设定，本来就是用以担负机关或公司中最为重要的职责，目标就是那些大事，任务就是完成那些大事。但是，越是这样重要的职位，越是这样重要的工作者，当领导安排你一些小事的时候，越发应该注重并认真完成，因为需要完成的小事，尽管它"小"，"小"的背后所潜藏的"大"的意义，可能是你一时还没考虑清楚或忽略掉的。

小，并不是说没有意义，有句话叫"牵一发而

动全身"，小事上出了小问题，也会给集体带来大问题。

浙江某冻虾仁公司和欧洲近十家进口商达成了合作协议，不到一年时间，公司收益超过了过去三年总收益。为此，公司招聘了更多的工人。

然而，这一周，公司先后收到了所有进口商的退货单，总计9000吨的冻虾仁，被要求全部退货。对方的理由是，质检部门从冻虾仁中查出了含量为亿分之一的氯霉素。虽然所占比例微乎其微，但对方的理由是，这并不是冻虾仁中应该出现的有害物质。

此事一出，引起不少业内人士的关注，有不少人叫骂欧洲国家对进口产品的要求过于苛刻，但也有不少人开始反省——如果只抓大事，不管小事，就算一丁点儿的错误，也会带来无法估量的损失。

为了挽回和欧洲进口商继续合作的局面，该冻虾仁公司对"亿分之一氯霉素含量事件"开始进行深入调查。最后发现，原来是一些剥虾仁的女工，没戴手套，又嫌手痒，就用含氯霉素的消毒水止痒，这样才把氯霉素带入了冻虾仁。

如果公司各层工作人员，一早就注意到这件小事，公司就不会有这么大的损失。

找到销路、拿到订单是大事，然而在大事的背后，必然会有很多小事，而很多小事往往对整个事业的成败起着非常关键的作用，因此，工作中其实无小事。美国著名的盖洛普调查公司有一项数据显示，因为美国人瞧不起工作中分派的小任务，导致美国企业生产率降低，每年的经济损失大约在3500亿美元。

因此，任何单位或集体，能够发挥职能、正常运营、健康发展，无不需要工作人员每天完成大大小小各种事务，成功不是只在大事上成功，而是大事和小事都成功，才能真正达到成功。

做小事是为做大事服务

做小事是为做大事服务，这个概念我们必须要认识。服务是从两个方面来进行的：

第一，协助大事，使大事完整进行。

经常我们会送花给别人——父母、情人、医生。送花的时候，我们常常会有选择，送康乃馨，送玫瑰，送百合花。可是当花店服务生帮我们包扎花的时候，我们一定会看到，他们通常会把满天星这种花，

围拢在康乃馨（玫瑰、百合花）周围。你会说"我不要满天星，我要的是康乃馨"吗？不会，因为送花给别人，一定会包扎，包扎的话，如果没有满天星，你就会觉得这不是完整的花束。

工作中也是如此，你的上司正在做的一件大事，就好像我们要送出的康乃馨一样，很重要，对事情有关键的意义；上司交办你做的小事，就像满天星一样，好像于事情没有意义，但是没有它，事情就会变得不那么美满，甚至会让人不满。满天星的花语是"陪衬"，但是这个陪衬，却是必不可少的。我们工作中的小事，可能也是陪衬，但没有这些小事，大事就无法完整进行。

第二，排除干扰，使大事顺利进行。

还以送花打比方。你送的是玫瑰，但是这束玫瑰花束中，却有一支狗尾巴草，或者玫瑰的叶子衰败枯黄，你会怎样？你会要求花店服务生将那杂七杂八的零碎拿掉。

工作中也是如此。领导正在做一件事情，可是有零零碎碎的事情在干扰他，而这些事情又是不能不去处理的；如果不处理，就要影响到他做大事。也就是说，做了小事，才能做大事；而不做小事，大事就没

办法正常进行。所以，从这个角度来考量，小事的意义非常重大。

因此，这个时候，当领导交办你处理一件小事时，你千万不要因为"小"而搁置不管或敷衍塞责。如果你只把小事当小事，而不去认真完成，最终可能会导致"大事"无法正常完成。那个时候，就算你想"后果自负"，恐怕你也没有资格，甚至没有机会了。

小事越多，机会越多

"不积跬步，无以至千里"。

"泰山不让土壤，故能成其大；河海不择细流，故能就其深"。

"如果你能真正地钉好一枚纽扣，这比你粗制滥造地缝制出一件衣服，更有价值"。

任何事情，都只是表面简单，表面渺小，实际上，其背后暗含着太多的方法、经验、启示，做的小事越多，越认真地对待小事，你的机会才越多。

赵志远和唐浩同一年进公司，但是年底两个人的奖金却差别很大。赵志远很不服气，他闯进领导的办公室，委屈地说，"为什么同年进办公室，我却没有唐浩

拿的奖金多。"

领导说，"让我来告诉你原因。"

领导叫来唐浩，说，"我就在这里等着，你们各自到市场上，看看今天集市上都有什么货。"

赵志远一共来回三趟，三趟带回来三个答案，"有一个农民拉着土豆在卖"，"拉了40袋土豆"，"每斤价格一块钱"。后两个答案是在老板的提问下去寻找的。

赵志远气还没喘匀，唐浩回来了，在报告了赵志远回答的上述所有问题之后，唐浩还带回来一兜西红柿，说"他的土豆质量不错，销售情况也很好。另外，我还到他的店铺里看了一下，有几筐昨天卖剩的西红柿，质量也很好，但以处理价推销。我想老板可能正需要这些西红柿，所以，我带了几个西红柿回来，另外把那个农民也带回来了，他正在外面等着。"

唐浩做任何小事，都特别认真，而且他会考虑这件事情和其他事情的关联，和整个零售店的关联，因此，他小事也做好了，有时候还能对公司的整体销售业绩有很大的帮助，这就是老板给他更多奖金的原因。

而赵志远其实连一件小事都做不好，得到比较少

的奖金，是自然而然的事情了。

态度比事情更重要

在政府机关工作的人可能会深有体会，领导和下属之间，时时刻刻都会涌动一种看不见摸不着但确实存在的政治暗流。下属对上级恭谨、服从，是你身在这个集体当中必须要做到的第一件事。所以，不管领导交代你的事是大事，还是小事，是重要的事，还是送一个客人出门这样的小事，你都要认真对待，严格照办。因为你在做这些事情的同时，其实也在做你在集体中最重要的一件事，那就是对领导的恭谨和服从。

在企业中其实也是如此。尽管企业里不像机关那么死板，上下级的关系比较轻松，很容易发生变化——更容易辞职或更容易更替，但在某一时间段里，上下级的关系既然存在，就会潜藏一种类似于官场中的政治元素，这就是上级希望下级完全听命于他、服从于他，认真对待他交办的任何事情，而下级应该对上级恭谨和服从。我们可以说这不完全是政治元素，但我们完全可以称之为态度。所以很多时候，一些人能得到领导的欢心，不在于他做事的能力有多大，而在于他对事情尤其是对领导的态度有多好。

从这个角度来考量，作为职场人员，你在公司里其实只需要做好两件事：第一，要有对领导的好的态度，任何一个对领导阳奉阴违的下属，都会遭遇"淘汰"的命运。第二，是对做事情的好的态度，这其实是对领导的好的态度的延伸和反馈。对小事情积极热情，是对领导的指令严格服从和积极支持的表现；而你对小事情的不在意、拖拉、草率完成，这种态度就会极容易被认为是对领导的安排不满。

态度具有传染性，积极的态度，才会带来积极的结果。只有有好的态度，积极的工作热情，你才能投入工作，不管大小，都能完美呈现，甚至从小事当中发现大的问题，挖掘大的机会。

第二节

绝不拖延，马上办

回想一下，当你走进一家餐厅用餐时，你最为恼火的事情是什么？不是菜品的质量和价格，而是服务员的拖延态度。如果你看到比你后到的人都开始动筷子了，而你的桌子上还只有一壶白水，你的火气就更大了。

你可曾想过，当老板交办给你一件事情，却迟迟看不到你有所作为，甚至在截止日来临时，你竟然找借口说还没有完成，老板心中的怒火是和你在饭店遭遇拖延上菜没有什么实质性差别的。

几乎所有的人在享受信用卡先行使用金钱的畅快时，都不会忘记在还款日乖乖交上使用掉的金额，因为大家都十分清楚，拖延付款，一定会付出代价；如

果继续拖延，代价会越来越大。

在工作中也是如此。信用卡不断地拖延，你必须用一笔你额外付出的滞纳金来摆平，工作任务不断地拖延，你付出的将会是你自己的信用。信用卡拖延还款太严重，你会失去使用信用卡的资质，而工作中拖延太严重，你可能付出的，则是你的工作机会——被炒鱿鱼。

很多人说，"我也不想拖延，可是每次接到工作任务时，不知不觉就拖延了，我也知道这个习惯不好，也为此感到焦虑和懊恼，可我不知道该怎么改掉拖延的毛病。"

当一份职，尽一份责，及时完成工作任务，是你作为一名职员最基本的责任；如果总是拖延，必然会被职场淘汰。我们可以帮助你了解拖延的危害、根源，尽快改正拖延的毛病，及时完成工作任务。

拖延是最坏的习惯

你不是没有能力完成这件工作任务，更不是没有时间，再难的问题，老板也会为了使任务得以完成给你留出时间（当然这个时间是有限制的），你一直不能展开工作，只是因为你有一个最坏的习惯——拖延。

"哆啰啰，哆啰啰，寒风冻死我，明天就垒窝"，

寒号鸟每天夜晚都痛下决心，第二天一定要垒窝，一定要储备过冬的粮食，可是第二天，太阳暖融融的，它觉得还有时间，结果，明日复明日，"明日"其实并不是"复其多"，截止日期总会来临，你只能痛苦地承受着"寒号鸟"的悲惨后果。

也可能你在最后时限来临的前夜，在重压之下，灵感突发，效率骤然高升，总算完成了工作。你手舞足蹈，兴高采烈，庆幸自己完成了工作，甚至以为自己只有在这种高压之下才会激情四射、漂亮地完成工作。

其实你错了，这种状态下完成的工作存在三个巨大的缺陷：一、当你在交付任务，却发现有需要补充和修正的地方时，你再也没有时间了，你本来可以更完美地交付任务；二、你会因此而形成一个职场人员最忌讳的坏习惯——拖延，你以为下次你还可以在最后时间完成工作任务；三、这种总是在最后才完成工作任务的方式和任务的质量，一定会让老板对你的工作态度和工作能力产生不满。

"我生待明日，万事成蹉跎"，"拖延往往是最可怕的敌人，它是时间的窃贼，它还会损坏人的品格，败坏好的机会，劫夺人的自由，使人成为它的奴隶"，从古至今，从中到外，明智的人们无不提醒我

们，拖延，是最坏的习惯。

拖延会让你总是顾此失彼

有些人会这么想，"这个任务一点都不难完成，过两天再说也不迟"。

我们总是好了伤疤忘了痛，忘掉了之前因为拖延一个工作任务，给自己带来的诸多不利影响。

首先，你因拖延还没完成的工作任务，可能会在截止日来临之际，还是没有完成。

作为一名职场人员，你身上担负的职责会很繁多，上司不可能只指派给你一件工作任务，很多时候，工作任务还会突然下达，并且时间紧急。这个时候，后来的紧急任务，会让你根本没有时间去完成之前拖延的任务。你想一想，当你质问服务员你的菜怎么还没上来，对方告诉你说只顾给后到的顾客做菜，忘了给你做了，你是什么心情？

其次，你为了完成拖延到现在的工作任务，失去或错过了不能做其他事情的机会。

你可能不曾想过拖延会给你带来的种种不良影响，有的可能是轻微的（其实所谓轻微，不过是潜在的危害未曾被你觉察），有的却是"立竿见影"的，会让你立

刻就遭遇在工作、家庭和人际关系方面的重大挫折，有时候还会失去对你来说非常重要的东西。

李云在接到一项调查本市零售额前10名的超市有关卫生用品销售总量的任务时，她一直拖延着；这一天，总经理询问几位市场调查员，谁手上活不紧张，就可以"进京"一趟，调查北京超市卫生用品的销售情况。李云一直想趁出差的机会去趟首都北京，可是，这一次，她因为之前的工作任务还没完成，所以没办法接受新的任务，非常遗憾地错过了早就希冀的机会。

崔先明和宋凌恋爱三年了，那个周末，在另一个城市工作的宋凌父母终于赶过来，想要见见未来的女婿，并一起商议婚期，可是崔先明却为了赶在截止日期前完成工作任务，一直滞留在郊区，最后，宋凌父母生气地返回家里，而宋凌也误会他诚意不足，两个人的感情陷入危机。

这个世界是不断变化发展的，我们尽可能地按部就班，还会出现措手不及的情况，如果把本应该每天都要有所进展的工作向后积累、拖延，那我们在遇到

意外情况发生时，必然会搞得焦头烂额，顾此失彼，有时候甚至会一件事情都做不好，做不成。

著名作家路遥在写作《平凡的世界》时，每天都在赶时间，他害怕自己因为身体不好，而让一部鸿篇巨制无法完结。而就有不少小说家，因为一场意外，让原本可以流传后世的伟大著作只有部分完成，给他本人和这个世界留下了难以弥补的遗憾；如果他们能像路遥那样赶时间的话，恐怕他们就会又给后世留下一份永不泯灭的文化遗产了。

第三，你拖延的任务一直在那里，它会让你一直没有余力开始新的工作任务。

作为一名自由撰稿人，小E一直想写一部反映农民工生活艰辛的小说，可是她手上还有一本之前签约的作品没有完成，这本没有完成的作品，就算不会每天都去进行，也会让她觉得，现有的工作还没完结，就没办法进行下一个写作任务。

所以，拖延的工作任务，占据我们大家的，不只是需要完成这个任务所需要的时间，还有要完成这个工作而带来的思想负担，这会让我们在很长一段时间里，都没有余力开始新的工作任务。

第四，你拖延的任务，可能会失去时效性。

有些事物，在一定的时间范围内价值巨大，但在这个时间范围之外可能就会一文不值。工作任务也是如此，可能因为环境的改变、老板的新主意、人事更替的问题，你原本可以给自己带来影响力的工作任务，现在却因不能继续进行而变得一文不值了。

海底有一个古旧的瓶子，瓶子里是500年前被神仙困在里面的一个巨魔。被困之初，巨魔许下一个心愿，谁能从海底捞出瓶子，将他释放，他就会送给那人一座金山。500年后，巨魔又许下一个心愿，谁释放了他，他就要把谁吃掉。

结果，真有一个年轻人在500年后打捞了这个瓶子，并且释放了巨魔。巨魔恶狠狠地说，谁叫你不早点救我出来，说着就要吃掉年轻人。

年轻人很精明，他说："这么小的瓶子，怎么可以放得进去您呢，除非您再进去，我才相信。"巨魔为了证明自己确实能进到那个小瓶子里，就又钻了进去。年轻人盖好瓶盖，将瓶子又投入了海底。

看起来，年轻人保全了性命，什么也不曾失去，可是，如果他能在500年内打开瓶子，他得到的，就会是一座金山。

很多时候，我们拖延了一件工作任务，到最后，就算没有完成，好像对我们的业绩也没有丝毫影响。可是你想过没有，你没有完成，你不会失去什么；可是如果你完成的话，你得到的回报可能是巨大的。

你为何一再拖延？

"其实我也不想拖延，可是不知为什么，每次接到工作任务时，我都没法立即进入状态，有时候我拖的时间比较短，最终也能很好地交付任务，有时候就不行了，拖到最后才完成。尽管我也经常因此遭到上司的批评，但我就是改不掉拖延的毛病，我也很痛苦，但我不知道该怎么办？"

的确，有很多人并不是因为懒惰才拖延。他们被拖延的坏习惯深深煎熬，却没有办法控制拖延行为的发生。

其实，拖延的背后，有着深刻的心理根源，我们只有了解这些根源之后，才能从根本上解决问题，杜绝拖延。

一般来说，导致你一再拖延的心理因素有以下几种：

1. 对成功的信心不足。

小F每次接到工作任务的时候，都会特别仔细地开始整理桌子、复印材料，或者是其他和任务毫无关系的事情。直到时限来临时，才不得不硬着头皮，开始执行任务。

这就是典型的因对成功信心不足而导致拖延的心理表现。做其他事情，是想从那些特别容易完成的事情当中享受成功的感觉。

一位老农的地里，多年来横卧着一块大石头，碰断了老农的好几把犁头。在又一把犁头被碰坏后，老农终于下决心铲除它。他找来撬棍伸进巨石底下，却惊讶地发现石头埋在地下并没有想象的那么深，那么厚，他稍使劲就把石头撬了起来。老农脑海里闪过多年来被巨石困扰的情景，禁不住一脸的苦笑。

实际上，困难没有想象的那么大。不要总是以为自己地里的那块大石头体积有多大，埋得有多深。

再说，老板之所以把工作任务交给你，是因为你完全可以做到。为了让自己尽快投入工作任务，你可以用"最容易+难+最难+容易"的步骤来进行工作任务。最容易的部分，可以给你增加信心；而难的部

分，可以让你很快进入状态，你看到最容易的就在后面，最难的也就有信心去攻克了。

2. 过分追求完美。

追求完美当然无可厚非，甚至会使上司感到欣慰；但是过分追求完美，就会归入对完美目标适应不良的类型。为了证明自己的优秀，力求做到自己不可能做到的事情，给自己设立更高的目标，想要表现得更为完美，却一方面给自己设置了一道巨大的通往成功的障碍——你会觉得完成任务非常艰难，另一方面，会在遇到困难时不知所措，于是一再拖延。

这个时候，你该问自己，你是为了让自己进步，还是为了让自己陷入沮丧和挫折而设立了一个高标准？

尽快调整自己的方向，脚踏实地开始执行工作任务，千万不要拿出你那套"更为完美的目标"来为你的拖延寻找借口。

3. 讨厌被人委派任务。

这包括两个方面，一个是你讨厌被人委派任务，尤其是你不愿意服从命令的新上司；另一个，是你讨厌委派的任务。想一想，是这个原因吗？如果是，怎么办？

你希望有更好的领导，或者希望自己就是领导者吗？你希望有更具竞争力的工作任务吗？"当然！"

你可能毫不犹豫地回答。

可是，如果你不能完成眼前的任务，不服从眼前这个领导的指挥，你就没有办法和他平级或得到更大的职位提升，你的拖延，会让你更加弱势。而你不能及时完成工作任务，下一次，你接受到的，可能是更没竞争力的简单任务。

4. 过度自信。

过度自信的表现就是"不着急"，以为自己在最后时刻也能漂亮地完成任务。

有这种心态的人，必须意识到的一个关键问题是，工作任务可能是你必须完成的，但工作任务也是和别人紧密相关的；很多时候，可能会因为你的拖延，导致团队成员无法开展工作。当你成为别人不能正常进行工作的"障碍"时，后果可想而知。

就算你的工作任务和别人毫无关系，你有没有想过，你会因意外事件发生，而陷入顾此失彼的焦虑状态，前面我们已经详细分析过了。

另外，别忘了，"过度自信"不同于"自信"，你对工作任务认识不足，以为自己有足够的能力完成，到最后时限到来才着手去干时，才发现自己"过度自信"了，这个时候，有限的时间，紧急的工作任务，你想

想，等待你的，会是怎样严重的后果。

如何尽快完成工作任务？

除了根据以上形成拖延的心理根源进行自我心理调整之外，再从以下几个方面实际行动起来，你就能杜绝拖延的毛病，尽快完成工作任务了。

1. 做一个日程安排表。

没有一个很好的计划表可能是你拖延的主要原因。因为你不能具体地认识到你什么没做，该做什么，已经过去多长时间，还有多长时间就是截止日期。一个科学合理的日程计划表，可以让你明确自己的工作任务、对自己的行为负责、不会迷失目标方向。经常看计划表，可以让你从已经完成的任务中获得自信，督促你继续前进，拒绝拖延，尽快完成任务。

2. 分解任务。

你可能会觉得任务量太大，无法完成。不妨先分解任务，一个任务一个任务地去完成，即使你在截止日到来时无法全部完成，你也不会因拖延一点都没完成而遭到批评。实际上，当你完成一个又一个小任务时，你就一定会完成剩下所有的任务。因为完成小任务后的成就感，会激励你完成更大的任务。

3. 学会寻求帮助。

一个善于寻求帮助的人，更容易完善自我，达到成功。针对拖延的恶习，寻求帮助包括两个方面。一是找一个人帮助你克服拖延的习惯。当你有一个很重要的任务时，你可以让这个人定期提醒你，监督你。这个人可以是你的妻子，也可以是你的上司。明确告诉上司，你需要不断监督，也会帮助你按时完成工作任务。另外一个方面，在你遇到任何困难，使你的任务无法向前推进时，你都应该想到"场外求助"这个办法。

4. 给自己设定一个最终期限。

如果你有一个必须完成的特别任务，那么不要把它搁置在那。给你自己一个明确的最终期限来完成它。如果你在最初就浪费时间，当最终期限来临时你会很难受。如果这个期限总是能早于上司审查任务完成情况的时间，那你已经具备了优秀职业人士的素质。

第三节

如何做好领导交办的事

"怎么做好领导交办的事？"

"就是领导让干什么就干什么呗。"

这是在很多职场人员头脑里存在的对做好工作的一种误解。实际上，做了和做好，这是区别很大的两种不同的层次。

我们拿到饭馆去用餐来打比方。一样是"剁椒鱼头"这道菜，为什么在条件允许的情况下，我们肯定会到那个做得味道最好的饭馆去吃，而不是就近或图便宜？其实这就是"做了"和"做好"带来的截然不同的结果。

在工作中也是如此，领导让干什么，我们很忠诚，也很及时地去做了，但结果却未必好，因为我们

只是"做了",却并没有"做好"。

"做了"是简单的奉命行事,没有自己的思想,没有用心,没有发挥全力,没有精益求精,出来的结果一定是"寡淡无味"的。

但"做好"就不同了,你必然会在最恰当的时机,加上最适合比例的"调味品",你认真观测时间,精确掌握火候,你甚至加进了自己改良的方法,你全力以赴,努力使结果更为精进,如果结果不理想,你还会继续修正,直到至臻完美,这种"做了"的方式,是"做好",结果就必然会是"好美味哦"。

因此说,在面对工作任务时,只是"做了",有时候反而会让领导很反感,不愿意面对,反感"品尝"。只有"做好",才能吸引上级的注意力。

因此,要切记:"做了"并不等于"做好"!

绝对执行

如果你曾经出过国,你可能会看到这样一幅奇怪的场景:在公用电话前,男人们经常排着队在等别人打完电话,而旁边的电话亭里却空无一人。当你终于忍不住,好奇地问那些高鼻子老外:"为什么不用旁边的电话?"他们就会平平淡淡地说:"那是女士专用。"

在企业里，每一个职员，能够漂亮地完成任务，做好老板交代的事，第一个要做到的，就是遵守制度，遵守规则，遵守流程。

在企业里，很多事情的完成是有流程的，怎么去完成，必须严格按照流程来走，不能打折。这样才能打造出一流的产品，提供一流的服务，打造一流的企业。

1958年，麦当劳的管理层为公司制定了一份经营和训练手册，长达75页，详细制定了几乎每件事情的做法，如汉堡包必须六排整齐地摆在烤架上，炸薯条必须精确到0.28英寸厚。现在，麦当劳的经营手册页数超过800页。

制定如此多的规则、如此严谨的要求，目的就是为了让员工百分之百按照制度和流程去做，不能在任何环节上偷懒或者出现混乱。而这正是麦当劳可以称霸世界快餐业，不断扩展，增加加盟店的根本原因。

我们要求企业的任何职员，都要有麦当劳职员的敬业精神，在完成本职工作的时候，必须按照规定进行，特别严谨，不能疏漏和马虎，更不能跟领导打马虎眼，不能凑合。

在总政歌舞团的大门口曾经发生过这样一个故事。

王全军是新来的保安，他严格按照保安上岗训练时所制定的规则，任何人，必须出示出入证，才能进入正门大院。

这天，某著名歌唱家外出喝酒回来，他想去办公室拿点东西，顺便抄近道，从大院东门直接回家。但是在大门口，王全军要求他出示出入证。

这位著名歌唱家说："我是某某某。"

王全军说："对不起，我不认识，请您出示出入证。"

歌唱家生气了，"我是某某某，你不认识？"

王全军说："不认识，请出示出入证。"

歌唱家实在没办法，只好绕道走回家。

看到这一幕的另一名新保安终于忍不住，问王全军，"这不是某某某吗？春晚上经常出来，你真的不认识？"

王全军说："怎么不认识？但是我们规定必须有出入证才能进门。"

这个故事是从总政歌舞团的保安部流传出来的，而当时保安部部长之所以常常会向新保安们讲述这个故事，是因为在王全军当班的时间段里，没有发生过

任何一次闲杂人进入总政歌舞团大院找人签名、闹事的事儿！因为不管你是谁，只要你没有证明你在这个大院工作的出入证，又没有有出入证的人来接你，你绝对不可以进入大院。

保安部这么规定，有这么规定的原因；公司制定一系列的流程，有这样制定的根据；而领导交代你完成一件事情，事情做到什么程度，也有一定的道理。具体承办这些事务的人，就必须扎扎实实、一丝不苟，全面严格地按照事情的流程去做，这样出来的结果才能达到预期的目的。

用脑子做事

比尔·盖茨说："人与人之间的区别，主要是脖子以上的区别——大脑决定一切。"这句话很好地说明了创造性劳动的重要性。国家要进步，社会要发展，公司要盈利，需要有创新能力的人。可见，"脑子"是可以做事、可以做好事的关键所在。因为你有聪明的大脑，你才有机会进入这个团队，而这个团队中能够做出最好成绩的人，也是那个相比来说大脑最聪明的人。所以，领导交办我们做任何事，我们都别只是动手，更要动脑。

韩愈说："业精于勤荒于嬉，行成于思毁于随。"做任何事情，只有勤于思考，才能做好；如果不加思考，就算你付出再多，结果也可能不会令人满意。

某建筑公司，产品不错，销量也可以，但收账是大问题。尤其是城东的那家大客户，仗着自己要货多，总是在付账时能拖就拖。2012年年底，为了顺利要回今年的货款，公司派副经理任德新亲自出马。结果去了三次，对方老板才无奈何答应，下次来，一定付账。

第四次，为更加郑重其事，任德新带了自己的助理温泽一起赶到对方公司。对方老板果然兑现诺言，给了他一张10万元的现金支票。

但是，当任德新和助理高高兴兴地到银行取钱时，却被告知对方账上只有99000.20元。很明显，对方耍了花招，想用那一张无法兑现的支票来延长还款期。马上就是春节长假，这次要是拿不到钱，不知对方又要以什么理由来拖延账单了。

这样的行为连助理都惹怒了，他在一边大骂对方老板阴损可恶，说这样的老板以后不和他合作也罢。任德新也很气恼，但他首先想到的是，还有没有办法让手里的这张支票有效。终于，他想到了一个绝佳的

办法，并且顺利地拿到了99000元的账款。

原来，他让助理存了1000元到对方公司的账户里。

任德新原本只是一个小职员，能做到今天副经理的位置绝对不是偶然。遇事冷静，善于思考，是他能够不断晋升的根本原因。

职场中，并不是所有的人都有背景，或者可以说，绝大多数人是没有后台，没有背景，不是"富二代"、"官二代"，他们之所以能踏进管理层，甚至能做到大老板，乃至商界鳌头，无不跟他们善于动脑、勤于思考有密切关系。

如今，李嘉诚的名字几乎家喻户晓。然而当年，他是从一个小茶童开始自己的职业生涯的。当然，他做小茶童也比别人做得好，但李嘉诚考虑到自己做到最好，也只不过开一间茶楼，所以最终婉拒了茶楼老板的挽留，应聘到了一家生产塑料洒水器的工厂去做推销员。

在"二次就业"的时候，李嘉诚就考虑到要找一个有"钱途"的企业，因此他是在看好这个在当时来

说还是新型产品的前提下，才应聘这家工厂的推销员这一职位的。

然而他看好的东西，并不是别人也看好。也是时代特征，当时街面上已经有大批各种产品的推销员，令顾客为其所扰，不胜其烦。所以，李嘉诚像很多推销员那样，也总会遭遇还没开口，就被关在门外的尴尬局面。

如何才能避免这种还没开口介绍产品优势就被拒之门外的窘境呢？李嘉诚开始苦苦思索。最终他得出了一个结论，产品好，好在哪里，要让顾客第一眼看到。

于是，他再一次去推销洒水器时，先在洒水器里装水，把门外的地面洒扫干净，然后才去敲门，他的第一句话是，"先生/太太，您看这里的地面这么干净，是我用这台洒水器处理的。"而对方只扫了一眼，就立刻对这台新式机器有了兴趣。

后来，李嘉诚就是用这个方法推销了大量的洒水器，业绩遥遥领先。

在生活中，在工作中，我们每天都要面临各种各样的事务和问题，如果不善于开启智慧，不勤于思

考，那我们就会成为简单的体力劳动者，而不是高级的脑力劳动者。只有善于分析问题，用自己的思想去工作，才能创造性地解决问题，圆满完成工作，快速提升业绩。

想办法就有办法

"只能这么做了，没有更好的办法了。"

"我实在想不到办法，还是让领导自己来想办法吧！"

"我们也没办法，你们自己看着办吧！"

工作和生活中，如果你是那个想要答案的人，却在对方的嘴里听到这样的话，你是什么感觉？一定是沮丧，抱怨对方，从此不信任对方。然而在我们的生活和工作中，你自己却常常又是那个给出类似答案的人。把事情交办给你，就是叫你拿一个答案出来，你的"没办法"，会让你的上司"拿你没办法"。

三年解放战争初期，中国东北联军炮兵司令带着刚刚组建不久的炮兵团，负责抵御国民党军美式装备的二炮。在解放沈阳的战役中，二炮隐没在雪林深处，获得他们的炮弹阵地布置在哪个位置的信息，是

我军能够战胜对方的关键。然而，冰天雪地，在两军对峙的空白区域，侦察兵稍一露头，就会被对方的狙击手击中，手下的两个营长连续派出十几名侦察员，均不能向敌占区靠近一步。为此，两个营长一筹莫展，甚至在指挥所争吵了起来。

当司令朱瑞亲自到达指挥所时，两个营长就给他撂挑子，"实在没办法，侦察兵根本无法靠近对方一步，实在不行，就蒙着打吧！"

真的没有办法了吗？不是，是他们没有把办法想出来。

朱瑞司令给出了他的办法，"找不到敌方阵地，我们就让敌方阵地自己暴露出来。具体办法是，兵分两路，一路冲着一个蒙着的对方炮弹阵地开炮，如果对方的阵地真的在那里，他们很快就会回击，这样，他们的阵地就暴露了；如果对方的阵地不再那里，他们也会乘此机会发动攻击，这样，他们的真实阵地同样暴露了，这个时候，另外一路炮兵再集中火力，攻打敌方阵地。"

果然，这个办法很快就将敌方的阵地"引诱"了出来，我军取得了决定性的一场胜利。

就是这样，好办法不是没有，是我们没有想到。或者更为深刻地说，是我们根本就没有想。

公司组织全体员工到海边度假。晚上10点多，康标带着自己的乒乓球拍，约马宇阳和他一起到健身会所去打球。到了那里以后，才发现走时匆忙，忘记带乒乓球了，而健身会所只提供桌案，不提供拍子和球，也不可能跑到外面去临时购买乒乓球。这可怎么办呢？本来康标兴致满满，想要和同样爱好乒乓球运动的马宇阳比试一番。

如果你是马宇阳，当你面对同事失望的表情时，你会怎么样呢？你可能会说："算了吧，以后有的是机会。"尽管你知道只不过是客气话，公司集体旅行的机会其实很少。难道你就不能想想办法吗？你不是想不到办法，你是根本就没有想，你想当然地认为，既然没有乒乓球，健身会所也不提供，那这场比赛就根本没法打了。

在工作中，我们有不少人就是这么想的，遇到问题，不开动脑筋，不认真思考，总是很轻易地屈服于表面现象，还说"真的没办法"。

马宇阳却不会轻易这么放弃。他对康标说："既然这里有这么多桌案，说明打乒乓球的人很多，墙壁下有

那么多椅子，一定有人将乒乓球打落在那里懒得捡，不如我们找找看吧！"结果是他和康标在椅子下面找到了三颗完好的乒乓球。

怎么样，对于刚刚其实已经放弃了想办法的你来说，这个办法会不会让你有点遗憾自己错失表现自己优秀的好机会呢？

因此通常来说，大多数人之所以想不到办法，被问题打倒，领导交办了什么问题，又把什么问题还给领导，在集体中总是不能"显山露水"，其实关键的原因，就在于我们的大脑一直处于怠惰的状态，是我们懒于想办法，习惯于遇到难题时，不是竭尽全力、积极寻找解决办法，而是将"难"当作借口，"没办法，太难了"。

在高考的任何一张试卷上，难题是专门为重点大学选拔人才准备的。只有攻克那些难题的人，才有机会进清华北大。而解决了容易的和不太难的题目，只能进二流、三流大学。

在职场当中也是如此，你只有解决了难题，只有拥有解决难题的积极性和主动性，你才能得到领导的赏识，你才能在激烈的职场竞争中脱颖而出。

差不多=差很多

在美国曾经发生过这样一个有趣的故事。

一个黑人男孩有着非常高超的黑客技术，他设计了一种病毒，顺利侵入一家银行，将小额储户账户上存款利息的千分之四转移到了自己的账户上。

哪一个小额储户会在意自己存款利息的千分之四丢失了呢？同样作为小额储户的我们，可能从来都不会去计算那点少得可怜的利息。"差不多就行了，计较那些干吗？"这就是我们几乎所有人的心态。

这个黑人男孩就是利用人们的这种"差不多"心态，成功地给自己划拉了不少钞票。身为一个没有正式工作的黑人男孩，这些钱足够他一生衣食无忧。当然这是非法的，是不应该在社会当中存在的，但是，"差不多"就行了的我们，不可能意识到自己的损失。

有一个老人，日常生活非常严谨，他闲来无事时，拿出自己的存折，自己计算着那笔小钱的利息，结果发现，少了千分之四。

最终，银行根据老人提供的信息，发现了这个秘密，追回了一笔不小的款项。

很可能有人会嘲笑这个老头，"那么点儿钱，还计算利息，累不累啊？"也许，生活当中，我们不应该这么计较，但是在工作中，我们必须要有老人这种细致入微的态度和做法，绝对不能"差不多"，因为差不多，就是差很多。

"差不多"，不可能只会损失我们银行账户上那一丁点儿的利息，还会损失我们更大的财富，甚至赔上整个人生。

民国时期，鲁迅先生就曾说过，"中国四万万的民众害着一种毛病。病源就是那个马马虎虎，就是那随它怎么都行的不认真态度。"而一向与鲁迅不和的胡适先生，也对国人这种敷衍苟且的态度深恶痛绝，为此，他专门写下一篇《差不多先生》，嘲讽世人做事不认真。

差不多先生有一双眼睛，但看的不很清楚；有两只耳朵，但听的不很分明；有鼻子和嘴，但他对于气味和口味都不很讲究。他的脑子也不小，但他的记性却不很精明，他的思想也不很细密。

他常常说："凡事只要差不多，就好了。何必太精明呢？"

他小的时候，他妈叫他去买红糖，他买了白糖回来。他妈骂他，他摇摇头说："红糖白糖不是差不多吗？"

后来他在一个钱铺里做伙计；他也会写，也会算，只是总不会精细。十字常常写成千字，千字常常写成十字。掌柜的生气了，常常骂他。他只是笑嘻嘻地赔小心道："千字比十字只多一小撇，不是差不多吗？"

有一天，他为了一件要紧的事，要搭火车到上海去。他从从容容地走到火车站，迟了两分钟，火车已开走了。他白瞪着眼，望着远远的火车上的煤烟，摇摇头道："只好明天再走了，今天走同明天走，也还差不多。可是火车公司未免太认真了。八点三十分开，同八点三十二分开，不是差不多吗？"

他一面说，一面慢慢地走回家，心里总不明白为什么火车不肯等他两分钟。

有一天，他忽然得了急病，赶快叫家人去请东街的汪医生。那家人急急忙忙地跑去，一时寻不着东街的汪大夫，却把西街牛医王大夫请来了。差不多先生病在床上，知道寻错了人；但病急了，身上痛苦，心里焦急，等不得了，心里想道："好在王大夫同汪大

夫也差不多，让他试试看罢。"于是这位牛医王大夫走近床前，用医牛的法子给差不多先生治病。不上一点钟，差不多先生就一命呜呼了。

这是一则寓言，带着夸张手法，好似不存在于我们的现实之中。然而现实当中，因为"差不多先生"的存在，其造成的损失却更加无法估计。

大家一定对《泰坦尼克号》一点都不陌生，因为撞到冰山一角，巨轮泰坦尼克号在其处女航中沉没了，数以千计的无辜者葬身于冰冷的大海中。这是电影给我们的印象。

实际上，在科学家们的后期调查中，泰坦尼克号的沉没原来是人祸——并非是没有及早发现冰山，而是在下海之前，隐患就已经存在。那就是在船头有几条小裂缝，发现这些裂缝的工作人员，觉得这么一点小裂缝，对那艘巨轮没什么影响。于是悲剧必然会发生，当巨轮遭遇冰山时，那些小裂缝被撞成大裂缝，最终导致整个船头破裂，结果是海洋里上演了一场比电影里更为悲惨的场面。

不只是泰坦尼克号因为"差不多"而使华丽的出海夭折，导致巨大的悲剧，人类历史上还有很多巨大

的事故，也都是因为"差不多"导致的。

可见"差不多"是非常要不得的，因为"差不多"首先会让完成任务的质量打了折扣，"差不多"会影响到团队的合作，"差不多"会伤及顾客的利益，"差不多"会损害企业的名誉，"差不多"会给企业带来灭顶之灾，给公众带来无法挽回的危害。

因此，我们每一个职场人员，每一个和你的工作任务最为接近的任务承担者，都应该摈除这种"差不多"的恶习，哪怕一丝一毫也不放过，还要做到对任何问题都要尽量精益求精，精心、精细、精准，力求尽善尽美。

不做"差不多"先生可以避免大大小小的失误，而精益求精则会带来大大小小的成就。

家里装修房子，窗户上要装玻璃，你是要圆角的玻璃，还是要方角的玻璃呢？很多人会想："这除了在视觉上会有一点差异，不会有什么不同吧？"

那么如果这种窗玻璃是安在飞机舷窗上呢？方形的，还是圆形的？

面对这个问题，可能很多人会稍微用心想一下，但答案可能还是"差不多"。不！差很多。

20世纪50年代，航空公司第一次引进了喷气式飞

机。然而在1954年1月，一架从罗马机场起飞的飞机，在起飞20分钟后解体，坠入地中海，机上35人全部丧生。没有人目睹这场灾难，残留的无线电信号也没有明显的理由可以解释飞机坠毁的原因。

英国皇家海军的飞机设计人员经过多年研究发现，飞机解体坠落，根源在于窗户，窗户的方角承受的压力要远远高于预期，导致在飞行过程中被撕裂，最终导致飞机解体。于是，现在飞机的窗户玻璃都改成了圆角，因窗户破碎导致的坠机事件没有再发生过。

一个我们通常会忽略的小角落，在研究人员的细致研究中，却成了极大提高飞机飞行安全系数的关键所在。

所以，我们不但要杜绝那些"大概""差不多""应该可以了""基本"这样的口头词汇，要杜绝那种凡事都"差不多"的态度和做法，要在做完任何一件事的时候，都回头审查一下，是否还有差错和漏洞，更要在细枝末节上，多问一下自己，是不是还有改进的地方？

再次谨记，小小的疏漏，可能会带来大大的危害；而小小的精进，也可能带来大大的成就。

听命也要动脑

《圣经》中有这样一则故事：

一位大地主，将他的一些财产，均等分成三份，交给三个可靠的仆人保管和运用。第一个仆人拿到这笔钱，立即去投资，大赚了一笔；第二个仆人，则用这些钱买了一些生产原料，制成商品出售；第三个仆人，采用了一种最为简单、省心的方法，他将财产埋在了后花园。

一年过去了，第一个仆人归还了主人原来的财产以及一大笔自己投资赚的钱；第二个仆人也小赚了一笔，同样多还了主人一部分财产；第三个仆人则是将挖出来的财产，原封不动还给了主人。

主人请第一个仆人当了管家，打理自己的家财；继续雇佣第二个仆人，给他加了薪水；第三个仆人，主人嫌他"懒惰"，将他赶出了庄园。

我们可以将这三个仆人的表现分为三等：第一等，全力以赴。第二等，稍作努力；第三等，坐着等死。

在这场管理钱财的游戏中，三个被选中的仆人，

"走马上任"，担负了主人交给他们的保管和运用钱财的责任。

第一个仆人很聪明，他很清楚主人给他这一职责的目的，主人的钱财，保管是小，能用这笔钱带来更多财富才是大。所以，他开始行动起来，开始投资。这种赚钱的方法虽然承担了一定的风险，但承担风险越大的人，付出就会越多；而付出越多，风险系数就会降至最低，甚至没有风险，最终他靠自己的聪明才智和辛苦努力赚得了一大笔钱。

第二个仆人很精明，他明白主人交给他一笔钱，并不单纯是让他保管的，"埋在地里"？主人难道不会自己埋进去吗？但是如果拿这笔钱去赚钱的话，他又不想承担太大的风险，不想付出太多的精力，反正赚多赚少最终都要还给主人。所以他选择了风险小、投入精力小的加工活动。

第三个仆人，愚蠢之极，他仅仅做了主人自己也可以做的事情：将财产埋到后花园。这种既不愿意动脑子，又不愿意付出时间和精力的员工，当然会被炒鱿鱼了。

其实我们的职场人员也分为这么三种：第一种，能够准确领会老板意图，明白老板雇佣他，是想让他

尽全力，发挥最大才能，为公司带来更多效益。第二种，虽然也领会老板意图，但是仅仅做到小有成就，能够保全自身，不被老板开除。相比来说，老板更愿意重用和提拔第一类员工，因为他全力以赴，能帮领导分担责任，还能带来不小收益；而第二种，虽然也会给他"涨薪水"，但这种付出的目的是为了保全自己、只求稳定的职员，却不是老板看好的，他可能会在有条件的情况下，再找一个第一类员工来取代他。至于第三种，拿着老板的薪水，却做着老板自己也可以做的简单事情，接受了老板的任务，却毫无作为，存在的价值基本没有，他的命运就只能是——出局。

可能有人会这样认为，"基本达到要求就行了，不值得我那么卖命。"他们没有意识到，轻视工作，就是轻视了雇佣关系中的游戏法则——想想主人的意图，再想想三个仆人不同的命运吧。全力以赴，你才能显露更大的才华，才能上位；达到要求，看似无可挑剔，实际你埋没了自己本来可以上位的才能，这于你来说，其实是最大的损失；因为公司可以再找到愿意全力以赴的人，而你失去了自己的机会，就等于失去了全部。将财产埋在后花园的那个仆人，他是属于完全不考虑雇佣关系中的游戏法则的人，对于这种既

蠢又笨的人，只能"坐着等死"了。

马丁·路德·金说："就算你注定是要做个扫大街的清洁工人，也要对自己的职责全力以赴，就好像米开朗基罗作画、贝多芬作曲或莎士比亚写诗那般地投入。倾注全力达到最高的工作表现，让每个人都为你驻足赞叹：这个清洁工人表现真是杰出。"

只有愿意全力展现自己智慧和能力的人，才能得到别人的认可和尊重；而浑浑噩噩、被动麻木、混一天算一天的人，一定不会得到任何人的尊重，最终也会毁了他自己。

第四节
给领导最好的结果

联想集团有个著名的理念，"不重过程重结果，不重苦劳重功劳。"这是联想成立半年之后，就开始格外强调的。在这样的以结果为导向的理念下，联想迅速成长为世界著名的高科技企业。

每一届的美国总统竞选，拉票最火热的一个环节，就是向选民承诺一个美好的结果。这个候选人承诺，我上台之后，会减少失业人口，那个候选人不甘示弱，我上台之后，将改善城市交通。人们为这些结果所诱惑，将手中的选票投给了做出承诺的人。

扭转日产公司亏损局面的法国著名管理大师戈恩这样说："人们喜欢结果，因为它简单，谁都能明白，谁都可以去衡量。当我们给了对方一个结果承

诺，于是人们对你的态度就积极起来。"

那么作为公司的一员，你想得到认可、想要加薪、升迁，从表面上看来，是要看你的工作能力和业务水平，其实最根本的考察，还在于你是否能总是给老板一个好的结果，或者也可以说，你做了什么，可以使组织因你的结果而受益，你才能成为企业需要并且愿意将你放在更加重要位置上的人选。

唐骏为什么被称为"打工皇帝"？因为他给微软带来了业绩不断增长的结果。而盛大、新华都集团纷纷以上亿高薪聘请他，也都源于他个人可以为企业创造非凡的结果。

在偌大的中国企业界，可能只有一个打工皇帝，可能你不会成为第二个唐骏，但在你具体所处的这个企业中，你必须争做"打工皇帝"，因为你在企业中所创造的结果，就是你的身价。你能不能把事情办好，唯一的评判标准，是你能否拿出一个结果，你的结果能否令老板满意。

终极结果就是行动目标

一位老和尚，他身边聚拢着一帮虔诚的弟子。这一天，老和尚说，寺里没有柴火，就没办法煮饭，你

们几个都到南山打些柴回来吧。

弟子们匆匆行至离山不远的河边，人人目瞪口呆。只见洪水从山上奔泻而下，无论如何也休想渡河打柴了。

打不到柴，弟子们都垂头丧气地回来了。老和尚说，没有柴，大家只好饿着了。这时候回来了最后一个小和尚，"师父，过不了河，打不了柴，就吃不上饭，我为了大家今天不至于挨饿，就把旁边树上的一些苹果摘了回来。"

后来，这个小和尚成了老和尚的衣钵传人。

听从师父的安排，去打柴，这是一份工作，这个工作因为条件限制而完成不了，众和尚只能无功而返。而让大家今天有东西吃，是和尚吩咐大家去打柴的终极目标。小和尚去工作，是为了完成这个终极目标，是为了实现这个最终的结果，所以，当他遭遇困难时，还是能将工作进行到底，解决不挨饿这个问题。

不管是企业，还是政府机关，我们需要的正是这第三类人，他始终想的是，"要达成什么"。众和尚想的是完成老和尚吩咐的工作，而小和尚想的是要让大家不挨饿，只有这种心中有为集体创造业绩的终极

目标的人，才能真正分担集体的任务。

作为优秀的职员，要把终极结果当作行动目标，要脚踏实地朝结果前进，而不是虚张声势摆POSE。

在一个夜晚，有人在路灯下疯狂地找钥匙，路过的人十分好奇，问道："您在找什么呢？"找钥匙的人回答说："我的钥匙不见了。"热心的路人决定帮助他一起找，找了半天，未果。路人问："您在哪里丢了钥匙？"寻钥匙者说："在公园。"路人都要跳起来了："您在公园丢的钥匙，却跑到路边找，怎么找得到呢？"寻钥匙者说："这里比较亮啊！"

故事中，"找到钥匙"这是一个重要喻意——你在职场中的责任，即拿出结果；而"灯光"也是一个重要喻意，那就是眼光——领导的眼光、别人的眼光，以及一切其实与目标无关却在影响目标实现的干扰。

可是我们就有不少人，干工作是为了给领导看，看我多辛苦啊，一直在"找钥匙"，这种摆POSE的做法，当然不会有好的结果，你的钥匙永远找不到；一个只会看哪里有灯光就到哪里找钥匙的人，是不能把事情办好的，只能被淘汰。

结果就是竞争力

所有企业的管理者和老板，只认一样东西，就是结果。员工希望老板给自己高薪，凭什么呢？最根本的就要看员工能不能解决问题，给出答案。现在是以结果论英雄的时代，是以结果作为标准来检验经济效益的时代。

可是我们有不少人，却常常忽略了结果的重要性，说什么没有功劳也有苦劳。别忘了，苦劳没有意义，有还不如没有。功劳再不尽如人意，也是一个结果。如今职场流行这样一句话："先开枪，后瞄准。"这句话是执行的一个最笨的逻辑：一个差的结果，也比没有结果强百倍。

月底了，张程和苏小菲都拿着本月的差旅费来找领导签字。经理看着两个人的打车票，回想起了给他们分派的任务——去买一本某经济学家三年前出版的著作。

张程跑了一上午，回来和经理说，"我跑了市里五家大小书店，都没有这本书，实在没办法了。"

下午，经理想到这个经济学家还出版了其他相关理论的书，就让苏小菲去购买。第二天，苏小菲抱了

一摞厚厚的打印纸敲门，"昨天我跑了一家书店，可是那个经济学家的书脱销了。我就直接跑到市图书馆复印了一本。我看到他还出版了另外一本和这个理论相关的书，想着您可能会用到，就也复印了下来。"

看着这两个人的打车票，张程的费用更多，因为他跑遍了全市5家书店，还没有达成目标；而苏小菲达成目标只跑了一家书店，在返回的路上，去了图书馆。等张程和苏小菲出了办公室以后，经理给人事部打电话，"你现在通知张程，让他下个月别来了。"

如果没有苏小菲，可能张程就不会有这次被炒鱿鱼的坏运气了；可是，就算"安全"也只是暂时的。如今是一个竞争的时代，企业和企业竞争，人和人竞争，就算你对企业忠诚，颇有一些苦劳，但你会败在那些对企业有功劳的人手里。因为企业需要的是功劳，不需要苦劳；需要的是结果，而不是过程，企业更不需要耗费企业财力却毫无作为的无为者。

《新京报》视觉总监在接受记者采访时，曾说过这样一段话："作为管理者，我们只问结果，不问过程。你怎么克服困难，不用跟领导讲，那是你应该做的。你做不到，那只能说明你很失败。"

所以，要么你就有所作为，如果无所作为，就继续努力，一直到有所作为。千万不要和领导讲什么"我已经尽力了""办不到"这样的话，没有结果，尽再大的力，有再好的借口，都毫无说服力。企业不是讲没有功劳也有苦劳的地方，因为功劳才是推动企业可以继续发展的核心力量。

要记住，你只能用结果来证明你的价值。

拿出最好的结果

有一天，罗丹带一位崇拜者去参观自己的画室，在一尊刚刚完成的女神像面前，崇拜者发出这样的感叹，"真是太完美了！"但罗丹却忽然沉默了，他皱起眉头，仔细审视这尊雕像，然后若有所思地拿起刮刀，开始认真细致地修改起来。

两个多小时过去了，女神像终于修改完毕，罗丹再一次全面地审视了自己手下的女神像，这才露出了满意的笑容。他轻轻地将一块湿布盖到雕像上，转身准备离开，这时候，才发现他陪伴的崇拜者一直站在旁边。

此后，罗丹的雕像更加受到世人青睐，因为崇拜

者不断地向人们传播这样的信息：一个如此不满足于现状、以最高的标准要求自己、不断追求更完美结果的雕塑家，他的作品一定是最完美的、最有价值的。

作为职场人员，我们更应该发扬罗丹精神，不到最好结果，决不终结行动。常常在完成一件事后，被领导指出这个应该修正，那个应该补充，就不是最好的结果。领导们工作繁忙，如果他面对的员工，所做的事情，总是需要他去修改，他的工作量就会大大增加，他就会对员工失去信心，他就会去寻找能够给他省时省力，能够让他信任的新员工。所以，他要求员工给他的结果一定是最好的。

有一个年轻人，刚刚完成试用期，老板就直接交代给他一件很重要的任务——为一家知名企业做一个广告策划方案。

年轻人很有信心，花了两天时间，就将打印好的文件，送到了老板面前。可是老板一页也没翻，而是盯着年轻人的眼睛说："这是你能拿出的最好的方案吗？"

年轻人被问住了，他默默地拿起自己的文件夹，走回自己的办公室。回去后，为了让方案更加完善，年轻人针对那家知名公司，查阅了更多的资料，对公

司有了更为详尽的认识，然后发现，确实自己之前的方案不算完善。

当年轻人将自己修改好的方案第二次送到老板面前时，老板还是没有翻动文件，而是再一次盯着他的眼睛说，"这是你最好的方案吗？"

年轻人再次被问住，他只是觉得以前的方案有待改进，却没想过这个方案是最好的结果。

年轻人下定决心，一定要拿出最好的方案。这一次，他不仅在办公室里查阅了更多的资料，了解和那家公司所有关联的信息，还亲自到那家公司和公司管理者、员工沟通，了解了更为具体和真实的信息，最后才又回到办公室，埋头于一堆厚厚的资料当中，将最为完善的方案做了出来。

这一次，老板还是没有翻动文件，而是仍然盯着他的眼睛问，"这是你最好的结果吗？"

年轻人信心满满地说："是的，这是最好的结果。"

"很好。"老板赞许地笑了笑，这才翻开了文件。

从此，年轻人知道，做什么工作，都要拿最好的结果给老板，否则，他连翻开文件的机会都不给你。

现代企业，迫切需要能拿出最好结果的员工，因

为最好的，才最具竞争力。

一流的员工，一定是一个要求自己拿出最好结果的员工。常言道，一个不想当军官的士兵不是一个好士兵。你给自己定的目标越高，你能释放的能量就越大；反之，如果你害怕付出，只想应付了事，你不但不能给出更好的结果，也不能挖掘你更大的潜力，发挥更多的才干，更不会得到认可和重用。

只有将目光放到最好的结果上，然后为了达到那个最好的结果，你才会动力十足，会想尽办法，竭尽全能，努力去达到那个最好的结果。

第二章

自动自发 做需要做的事

要有主人翁态度，做公司需要做的事

有两种人无法超越别人，一种是做不好别人交代的事，另外一种就是只做别人交代的事。前者的命运可想而知，后者也难保不被裁员，最多会被放在同一个单调卑微的工作岗位上，一生庸庸碌碌。

公司良性运营，每天都需要做很多事，领导不可能事无巨细，全部安排下去。因此，不管是高层领导，还是中层领导，都有一个强烈的愿望，下属不止是要做好他们交代的事情，还要以一种主人翁的态度，运用自己的判断和努力，为公司的利益、成功，集体的进步和提升，更多地去做需要做的事。根据成功学专家的研究，职员超额5%乃至10%完成任务，

也只会得到"干得不错！"的评语，也就是说，老板只会认为你符合期望，只有完成了额外而又重要的事情，才能真正获得老板的赏识，也才能有机会在薪水和职位两个方面成功上升。尽管领导们没有很明确地告诉你这一点，但你必须非常清楚——不只做好老板吩咐的事，更要多做公司需要做的事，才是企业和领导们对你的终极期望。

不管你在哪个公司就职，职位高低，你都应该牢记这一原则，让它成为你积极努力工作的指路明灯，时刻鞭策你思考和行动。你会发现，秉承这一原则的你，会更容易从工作中得到乐趣，会目睹自身的行动所产生的积极影响，会得到更多人的尊敬，这尊敬来自你的同事，你的直接上司，甚至是公司的高层领导，你也会有更多的机会承担更重要、更富有挑战性的工作。

查尔斯·肯德尔说，"光是尽到自己的义务或是责任，根本不可能获得多么杰出的成就。超出本分之外的努力以及杰出的表现，才是能够出类拔萃的关键。"的确，尤其是当今的市场竞争、人才竞争已经到了白热化的程度，主动做更多公司需要做的事，才是公司和个人共同发展、强大、优胜的核心竞争力。

你的态度决定你的价值

你知道人类受到的最大的惩罚是什么吗？不是饥饿，不是酷刑，这些总有到头的时候。人类受到的最大的惩罚，是每天做重复单调的工作，又不能结束这样的状态。在《圣经》中，早已经有这样的故事。西西弗斯因为犯了大错，受到了惩罚，他每天需要将一块庞大的巨石推到山顶上去，一天过后，这块巨石又会重新落到山地，而第二天西西弗斯要做的工作，就是再一次将这块巨石费劲地推到山顶，这项工作艰难、枯燥又毫无意义，但西西弗斯必须这么做，如此往复，从无改观。

在我们企业中，有不少人不热爱工作，做任何事情，都好像是被逼无奈的，指一下，动一下，虽然也能"把巨石推到山顶，完成任务"，但每天都会抱怨工作枯燥无味。其实，这是他们自己给自己判了刑，让自己成了西西弗斯的翻版。

B. C. 福布斯说：工作对我们而言究竟是乐趣，还是个枯燥乏味的事情，其实全要看我们自己怎么想，而不是看工作本身。

从工作中获得快乐、成功以及满足感的秘诀并不

在于专挑自己喜欢的事情做，而是喜欢自己所从事的工作。这是个人的抉择。而只有喜欢自己所从事的工作，你才会自动自发地去做需要做的事，而不仅仅是领导交办给你的事。

在各种重要的场合，总有一位女性官员出现，这在日本并不多见，因为女性们常常是在家里服侍丈夫上下班。这位女性就是日本的邮政大臣，野田圣子。

谁能想到，这位如今风度优雅的女官员，她的第一份工作，是在酒店洗厕所。

我们每个人都可以想象得到洗厕所的工作环境、工作性质、工作内容、工作报酬，野田圣子也不例外，接到这一工作任务后，她也沮丧过，也曾经在厕所里苦苦地期待自己早日被调到其他职位，也曾犹豫过是不是就这样回家，嫁人，一辈子做一个家庭主妇。

然而，在一位前辈的指点下，她醒悟了，清洗马桶，终极目标就是光洁如新，新则不脏，她也要将马桶清洗到可以舀里面的水喝的程度。而这么做的最终原因，是可以绝对保证顾客的卫生安全。她痛下决心，就算洗厕所，也要做一名洗厕所最出色的员工。

从此，野田圣子成为一个全新、振奋的人。她的

工作质量也达到了前辈所展示的高水平，她经常从马桶里舀水喝，以证明自己的工作质量，以检验自己的自信心，以强化自己的敬业心。

野田圣子能将这么简单的工作，做得这么好，关键就在于她的态度，在犹豫彷徨之后，她不再认为自己是一个上不了台面的厕所清洁工，而是酒店的主人，是顾客享受服务的提供者。

能将清洁工作做到如此极致，其他工作一定也会做得漂亮出色。就这样，野田圣子一路走来，一步步上升，最终以一名女性的身份成为一名受本国人民喜爱的邮政大臣。

在职场当中，总有许多人作壁上观，他们只打算等到"万事俱备"后才开始投入这场赛局，待遇好、报酬高、工作有价值、做的事情受人关注，等等，他们没想过，这些都是努力得来的，而不是得来才努力。他们总是在等待，等报酬让人满意时，才会投入心力，等努力受到注意时，才会多做一些本分之外的工作，他们不知道，比赛已经开始，时间正在流逝，等待只能让他们成为最彻底的失败者。

所以，你千万不要成为等待者。不管你正在从事

什么工作，你都要全心全意去投入，因为你一脚踏进职场，比赛就已经开始，你只有做到最好，才能受人关注；你只有心里认定自己可以出类拔萃，并全力以赴，你的上司才能将这份尊严和满足感赋予你。以什么态度对待你的工作，自己在比赛中要怎么去努力，这都要看你自己的抉择。

你更了解工作中的问题

科技发展，机器人可以代替你做很多事情，甚至可以完成你所不能完成的工作。但机器人最终不能代替你，是因为它缺少思考、缺少主动性、缺少面对千变万化的事态的应变能力。

机器人做任何事情，都需要技术人员事先给它程序和指令，而你却不是这样。你具有主动性，不但能在变化发展的状态中处理好领导交代的事情，更重要的是，就算没有任何人的指示，你也可以根据公司需要、事情发展，根据自己的判断，及时纠正错误、改进方法，漂亮地把任务完成。这才是公司聘用你的根本原因——公司需要你比机器人更具积极性、主动性的智慧。

而一家公司之所以能够蒸蒸日上，最重要的一个

元素，就是它的员工极具主见，勇于承担责任，在面对任何问题时，都能表现出自觉自动的精神。

因为员工最了解自身工作中的问题，他们比公司董事会、高层管理者甚至是直接上司，都更了解面对的工作任务中所存在的问题，技术层面需要怎么去解决、顾客有什么更为具体的需求、是否需要略调价格以达成交易，这种第一手资料、切身体验、瞬间变化的情绪，只有最前线的员工才有机会了解，管理者只是在宏观上把握公司要务，对这些问题的了解几乎都来自书面的工作报告，因此他们可以在大方向上给出指示，却无法做出具体举措安排。

在某知名图书网站的客服部，客服小姐们一天到晚都忙忙碌碌，不停地接听顾客的电话，处理各种各样的问题，一天工作八小时，很多人只有在下班后，才会真正地露出笑脸。很多人都会说，要不是为了挣钱，才不会干这么无聊透顶的工作呢！

白玉来这里工作已经快一个月了，虽然一天到晚，和顾客讲很多话，她也很累，但她觉得，能为顾客解决各种各样的问题，她很高兴。

这一天，她又接到一个解决同样问题的电话，因

为在点击购买的时候粗心大意，买重了书，所以想退掉一本。顾客在点击购买时，因为忘记了已经点击过，所以又点击一次，买回家才发现，同样的书买了2本，因为这样的状况想要退书的问题，白玉已经解决了很多次了。才二个月的时间，一个客服就接到过近10次这样的电话，那么其他客服肯定也解决过同样的问题。放下电话后，白玉点开网站页面，点击购买图书，发现重复点击，数目虽然会有变化，但在长长的订单中，不容易被注意到。而在退货原因中，也没有重复购买这一项，作为客服，当她填写退货原因时，只选填了"其他"这一选项，白玉认为其他客服、在页面上自助退货的顾客，应该选填的也是"其他"这一项。这样看来，因为重复购买而造成的退货数量应该不在少数，显然，这会增加网站运营的成本，因为网站承诺的是一周内无条件退货，而退货时顾客大多选择的是需要专人上门取货，这对顾客来说是免费的，但对网站来说，却需要付出成本。

第二天，白玉先不接听电话，而是做起了统计工作，她将每位客服一个月内大概接听到的重复购买退货数量做了统计，写了一个报告，发了一个内部邮件，建议技术部改进网页设置，提醒顾客，已经二次

购买。这时候上至网站总监、下至退货部、技术部才意识到这个问题。

就像这样，只有在最前线的员工，在随时保持主动性的时候，才能发现问题，帮助公司解决问题。只有各个层级的员工对公司的工作保持热忱，不管问题出在哪里，随时都会想到怎么才能为公司出更多的力，做更多具体的事情，让公司对顾客的需求有更好、更及时的回应，才能为公司节约成本、让公司更具竞争力。

你将会见识到前所未见的事物

迪曼瑟斯是一位希腊艺术家，在他年轻的时候，他就胸怀抱负，要画出最美丽的图画。他后来拜在一位艺术大师门下，经过勤奋练习，终于可以画出美丽的图画了。迪曼瑟斯非常兴奋，他常常坐在画室里，端详和品味自己的画作，并为此沾沾自喜。

有一天早晨，当他来到画室时，发现自己的画作都被老师给烧毁了，他非常气愤，质问老师为何这样对待他。老师对他说：你已经画得很好了，但如果你满足于现状，你就再也不会进步了。

迪曼瑟斯回味老师讲的话，深受启发，他又开始拿起画笔，学习新的绘画技巧，最终成为一名可以留下传世巨作的大画家。

在职场中，常常存在这样的人，他们觉得做好老板交代的事，就已经是很好的工作表现，就应该获得更高的报酬。殊不知这样的止步和满足，倒也可以维持公司的正常运营，却不能给公司带来更多的机会；这样的工作方式，只是将老板的智慧原封不动地复制到任务当中，却没有将自己的智慧发挥出来；而老板聘用你的根本原因，是想要你的智慧，想要群策群力，想要人多力量大。所以，我们应该以主人翁的态度，从老板的角度出发，多为公司考虑，多为公司奉献智慧。只有不断地追求新的事物，在更多的工作任务中奉献自己的智慧，才能更大程度地发挥自己的能力，挖掘自己的潜力。

如果老师不烧掉迪曼瑟斯的画作，他可能只会成为一名当地有名的画匠；而继续前进，更多学习，更多练习，才会成为伟大的画家。我们在职场中也是如此，只做老板交代给你的事情，你会是一名合格的职员，但你也会庸庸碌碌；只有在工作任务之外，多做

公司需要做的事，你才是一名公司离不开的职员，才会出类拔萃。

在迪斯尼《风中奇缘》这部卡通片中，女主角波卡汉塔斯说过这样一句话："你将会见识到前所未见的事物，而且连你自己都不知道自己原来对此一无所知。"

的确，按部就班，只做领导吩咐的事，我们只是执行了别人有限的意志；而很多时候，我们的成功，往往来自我们所做的分外的事，来自我们对自己智慧的开掘和发现。

因为家庭原因，麦琪没能读完高中，在一座12层高的办公楼里，她仅仅是一名工资不足千元的速记员。她的工作任务，是记录会议内容、复印文件、填写信封、每天上午和下午各往邮局发送一次信件。工作两个多月以后，她发现下午送出去的信件，只有等到第二天才会被下午2点多的火车带走。这样的话，同一天投递出去的信件，却有一天的时间差，显然，这对于公司的办事效率来说，是不利的现象。在她的职权范围之内，她要求公司任何职员，都必须在中午之前，就将信件送到她这儿。

为公司着想，当然不仅仅只会表现在这一件事情上，麦琪终于被经理认可，特别提拔为经理助理，月薪2000美元。

与麦琪不同，戴尔公司的一名财务人员，因为不愿意多为公司做一些事情，收到了辞退信。

戴尔公司的一批电脑因为有问题而被紧急召回，公司号召全体员工协助运输部门迅速将这些电脑转入库房，大家都参加到搬运电脑的行动中，唯有财务部的比克没有动，同事问他为什么不去，他说："我来公司是做财务工作的，不是来当搬运工的。"恰巧这句话被从身边经过的财务主管听到，当时主管就对他说："比克，你的财务工作做得很好，但我们需要能衷心为公司卖力的职员。"第二天，比克就收到了公司的解聘通知书。

机会是在你为公司所做的那些需要做的事情当中，你能做好本职工作，做好领导交代的事，只是说明你胜任目前的工作；如果你能像故事中的麦琪一样，还能为公司效率着想，做一些公司需要的事，那么说明你还能胜任超出自己学历、超出自己本职工作能力之外的职位。多做分外的事，做公司需要做的事，你不仅能见识到前所未有的事物，你也能让你的

领导前所未有地见识到你的能力。相反，如果你觉得拿一份钱，就只做一份事，那你只能得到比尔的结局。

投入越多，回报越多

常常很多人会有这样的想法，一个月就给我这么多工资，给多少，我就干多少，干嘛还要劳心费神地多干。听起来这似乎没错，太多人把劳动力当作商品，你给我多少钱，我就卖给你多少力。然而我们忽略了一个非常重要的事实，那就是普通的商品增值的机会很少，但人不是普通的商品，不管世道怎样，行情如何，人都可以自我升值。而自我升值的唯一途径，就是在工作中投入更多精力，做更多公司需要做的事。只有投入越多，你的回报才越多。

可能要你接受这个道理有点困难，那么你不妨重新调整一下你对劳动力乃是商品的认识。的确，劳动力是商品，但我们别忘了，当我们为一件商品买单时，我们是先看这个商品值多少钱，而不是先给钱，然后对方才给你等同价值的商品。那么比之于职场当中，当我们从老板手中接过一个月的薪水时，你应该认识到，那区区的5000元，正是你的市价。你只有完成更多的工作任务，才能获得更多的回报，你的市

价才会越高。这样看来，完成本职工作，尽管也很出色，但也只能说明你的确与你的薪水相当；如果想让自己获得更多金钱和职位的回报，你必须为公司投入更多，发挥更大的能量。

瑞尼在阿瑟·安德森公司工作的最初几年，曾像许多上班族那样，对所有的工作任务都全力以赴地完成。后来，他不再满足于这一点，而是常常参与到本职工作之外的其他活动中。他开始帮助公司招聘员工、管理办公室，甚至还主动负责组织公司年会这样的麻烦事。这些额外的活动，不仅让他懂得了如何在一个专业服务的环境中把事情做得更好，也获得了在老板面前表现的机会。

瑞尼投入不少，最终，他获得了两个方面的巨大回报。

首先对于他的公司来说，当老板知道他有更大的"使用价值"，他就会被分派更为重要的任务，这意味着，他比其他人能干，他可以胜任其他人不能做的事情，那么，他的回报——薪水和职位——自然而然就会比别人多。也就是说，他通过负责公司更多的事务，让自己升值了！

其次，一个比别人更了解工作环境中各个环节运

作方式的人，他也就具备了比别人更强的职业能量。这意味着，他不仅在本公司具备竞争力，在本行业乃至跨行业，他也具备竞争力，他可以自由地挑选自己愿意为之付出努力的公司，让自己有权力主动出击，这难道不是一个职场人士通过投入工作对自己的巨大回报吗？也就是说，当他成为了人们趋之若鹜的商品时，他还用担心自己滞销吗？

说到底，投入越多，能够让自己的能量越大，这是对自我的增值，是让自己获得更高价值的途径，是对自我最实际的回报。

第二节

经常思考，还能做什么

你是否曾经想过，现在的你，工作上还算过得去，老板交代的事情也能圆满完成，但你的实际才能其实并没有得到充分地发挥？你是否曾经想过，你原本可以更进一步，为公司做更多的事，让自己有更大的权力？

人类在开采石油的初期，都只从地表去做工作，这里采完了，再找下一个石油储藏点。后来有人提出一个问题，既然地表有石油，那么地表深处，是不是也会有石油？结果人们在地表深处找到了蕴藏量更为丰富的石油。人类对于大脑的开发也是如此，我们往往只挖掘表面的资源，但自己最好的资源却没有得到发挥和利用，"开采"大脑资源，可能需要费些时间

和精力，但是随之发掘出的丰富蕴藏却绝对值得我们去努力。

所以，我们不应该安于现状，每天用同样的方法，和同样的人在一起，做同样的事；我们必须改变现状，不仅仅仰赖表面的才能和能力，还要深入探索自己脑海深处的能量和潜力，让自己的才能得到充分地发挥，并最终达到最理想的状态。

在单位受到器重的人，猎头公司都想挖走的人，在事业上能够达到成功的人，其实他们的能力和我们没有太大的差异，同样的受了高等教育，智力区别很微小，但人家之所以受欢迎，而我们还在一个地方碌碌无为，甚至还担心经济危机来临时被公司炒鱿鱼，其最大的分界线，就在于我们和人家对于挑战潜能的渴望不同。我们只开采了表面的资源，而他们，却在不断地深挖。

公司需要能不断深挖自己潜能的员工。需要大家经常开动脑力，深挖自己，经常思考：自己还能做一些什么不同的事，使现在的工作更上一层楼。而这样的思考，会是你所有重要行动的开始。

下面的一些策略和窍门，将会帮助你激发自己的思维，产生适合于你在工作中可以贡献更多才能的想法。

增加工作的难度

我们之前提到过，高考试卷上的难题，是为那些进清华北大的高材生准备的。只有解决了那些难题的人，他的分数才会显著突出。

职场，也是考场，能够脱颖而出的人，同样是那些敢于挑战难题、勇于解决难题、乐于解决难题的人。但职场和考场有一个很大的不同点，那就是除了要应对"上头"铺陈在你面前的难题外，职场人士还可以主动给自己创造难题，进而让自己在解决难题之后，让别人看到自己的过人之处。

所以，无论在什么时候，只要有可能，你就应该想方设法地增加自己的工作难度。多担当一些责任，自愿帮助别人解决问题，主动加入那些为解决疑难问题而特别成立的团队或工作组。

这样的策略可能在短期内给你增加一些麻烦：消耗时间、占用精力，但长久坚持下去，你就会被认为是一个能主动要求承担更多责任或有能力承担更多责任的人，你对公司的价值将会因为你的主动和不畏艰苦而日趋增加。

陈吉原本是一名出纳，她所在的小公司起步不久，经营仪表销售。在接近年尾的时候，一名业务代表临时跳槽，搞得公司在东北一片的销售工作成了空白，一时又招不到合适的人，老板陷入很被动的状态。

听说这件事后的陈吉，主动找老板，表示愿意接替原来业务代表的工作，她说这是最好的办法：第一，临时招人很困难；第二，她在公司好几个月，相比新招来的人更了解业务状况。老板非常感动，但又发愁出纳的工作没人接替。陈吉说，出纳的工作量不大，她愿意身兼二职，为老板分忧。

陈吉这一兼职，就是半年多，因为她不但维持了原来的客户，自己还发展了不少业务，老板更是觉得无人能代替她。

眼看东北片儿的业务量越来越大，老板也觉得让陈吉这样身兼二职，顾不过来。便又招了一名出纳，而让陈吉专管东北片儿的业务。

如今，五年前的那家小公司已经发展成了员工超过100人的大公司，陈吉则因为她愿意为老板分忧、能够多担当责任的优秀职场素质，被老板任命为业务部经理，主管所有的分片儿业务代表。

如果不是主动积极地扩展自己的职责，陈吉还不知道自己在与人沟通方面更为擅长；如果不是在紧要关头，愿意分出精力为老板解忧，陈吉也不会得到这么大的回报。就是这样，当我们愿意提高自己的工作难度时，我们就会在这个过程中学到更多的东西，了解到自己还有更大的潜能，把自己暗藏的优势转化为未来的机会。

更好地理解你的公司，更多地对公司的需要保持敏感性，更大地发挥自己的能力，更积极主动地扩展你的职责吧！

想法越多，越完善

行动都开始于想法，如果没有想法，就不会有行动，做成的事情，就不会再有改善的机会。所以，请你一定不要让自己的大脑资源白白荒废，在做完任何事情之后，都开动一下脑筋，再思考一下，事情能否更加完善，如果采用别的方法会有什么效果。的确，很多事情不只有一种解决办法，但如果你能想到更多的办法，真正的解决办法才会出现。

常常开动脑筋，并非一定是在面对很多紧急任务、重大事件时，我们的工作是由大大小小的杂事组

成的，甚至零零碎碎的小事要比大事更频繁需要你去面对和处理。所以，开动脑筋，不是不将小事考虑在内，而是要从小事开始。

比如：如何能更好地组织你的工作；比其他人更早一点儿来到办公室，对一天的工作做一个预先规划；当被问到问题时，在回答之前，先弄清楚问题后面所隐含的问题；定期向上司请示，看自己能否在其他方面帮上忙；注意周围的同事有没有不好开口的需求，尽你的能力为他们分担一些责任。

某乳制品公司要在湖北武汉开一个新厂，主要生产雪糕制品，但因为同时也在其他地区开设新厂，所以急需一批能立刻走马上任的新厂长，但人选却不多。已经定好在北京担任厂长的张志强，在周一公司中高层领导议事大会上，见领导为此事发愁，就主动站起来，向领导推介他原先的一名下属武惠良，说这个人不但自己的工作做得很到位，常常也愿意主动献计献策，带着大家一起工作，帮着别人出主意，拉订单，和他同一小组的成员，在他的感染下，工作兴致很高，甚至连他这个直接上司也被感染了。张志强说，这个人，我不是推荐他代替我，做区域总监，而

是提议，让他直接跳级，到湖北去做新厂长。

一个销售组的小组长，跳级直接去担任新厂长这么重要的职位，公司当然不能只听一面之词，要仔细考察一番。

当然，武惠良最终真的成了湖北武汉分厂的厂长，因为他一直投入工作，对业务非常熟悉，并且在工作中经常提出创造性建议，使得他们的小组销售量连年都是第一，又能为小组成员排忧解难，因此深得人心。当然，他也常常为区域总监张志强出谋划策，这也得到了张志强的赏识。像这样早已经做好了准备的人，机会来临时，当然不会错过了！

所以我们别以为完成任务，就算完事大吉；别以为做好手头的工作，就只有一种正确的方法；别以为大家一直遵循的做事方式，你就没有办法改进；更不要以为，你即使把事情做得很好，也不会有人在意你。机会常常不是在你可以完成的基础上，而是在你做得更好的基础上。

你可以采用一些具体的方案来促进自己开动脑筋，完善工作。

每周对你担任的工作至少提出两个建议。提议该如

何改善事情，如何节约成本，如何改进流程。当然你首先应该把自己的工作做好，将改善的重点放在你自身的工作上，当你自身的工作更为完善，你的技能更让人心服口服，你的信心就会增加，周围同事对你的尊重和信赖程度也会增加。然后你再为大家排忧解难（在这个过程当中，你的出发点应该是真诚地帮助别人，而不是炫耀自己比别人强），并逐渐为你所在的部门出谋划策，乃至在整个公司发挥自己的影响力。

省下的，就是赚下的

公司健康运营最好的模式是，成本最低，盈利最大。因此，降低成本，是任何一家公司都最在意的问题。作为公司职员，一定要把公司当作自己的家，把公司的财产当成自己的财产，始终注意帮公司寻找节省办公费用的好方法。省下的，就是赚下的，能为公司着想的人，就是对公司最有价值的员工，会得到公司领导最大的信任。

上海亦方湖北分厂行政后勤部，部长又一次找餐饮部负责人谈话。最近菜价上涨，上头希望调整一下员工自助餐的结构，把餐饮费用控制在目前水平。负

责人接到任务后，非常为难，员工自助餐的结构已经调了好多次，如果再调，恐怕会引起员工不满。

负责餐厅卫生的石来宝听说这儿，主动找到餐饮部负责人，提出了他的建议。他说餐厅每天都有大量的没有吃完的好饭好菜，被附近的养猪场拉走，他们是肥了，但我们这明显是在浪费。如果能杜绝浪费，成本就会下降。

负责人说不是有罚款制度吗？谁浪费的多，就罚款。石来宝说，这个很难界定，所以服务人员为了避免和用餐的争吵，往往也是睁一只眼闭一只眼。不如我们每天找几个浪费最多的人，不但让他们按原价把剩下的饭菜打包买走，还让他们背一首诗，就背那首《锄禾》。

因为没有更好的办法，负责人决定先采用这个办法试试。结果大家在用餐后，几位服务人员就一起走过来，大张旗鼓地鼓掌，请剩饭最多的人站起来给大家背诗。

花点钱没什么，但站起来背这么一首告诫人们不要浪费的诗，让当事人很难堪。这个主意一施行，浪费问题立刻就得到了根治，不但没有降低用餐标准，并且每年还缩减了50万元的经费。

直接执行任务的人，最有条件看清楚存在的问题，看清楚解决问题的障碍，也最有条件找到能够解决问题的好方法。所以，当你能够留心为公司节约成本时，你就一定能找到最好的办法。

对于外包业务和各项采买，你是否经常审查价格，并且设法找到性价比最高的合作或产品；要经常运用成本—效益比较法，好好权衡一下自购方案与租赁方案各自的利弊；如果你的同事们反映与其把员工生日庆祝仪式浪费在昂贵的午餐上，不如领一件实用的生活用品更实在，你就应该及时将这一信息反映到主管那里。公司为大家提供的内部邮件，不就是希望每个人都能有一个及时向上司传递有效信息的通道吗？

只要你愿意做一个有心人，为公司节省资金的机会是没有止境的。

"笨"问题就是好办法

很多人不自信，或者总有一种畏惧心理，怕这怕那，怕在领导面前发言，怕提出的问题被同事们笑话。什么才叫"笨"？笨不是你提出来的问题不被理睬，而是你根本就不敢提出任何建议。其实领导已经意识到，他的脑力是有限的，他迫切地想要大家帮他发现问题，

提出新点子，就算那些问题暂时毫无意义，他们也期待通过这些问题，能够得到一定的启发。

所以不要害怕，只要是你为公司着想，你的这份忠诚就会被领导注意到，就算你的方法现在毫无意义，但说不准哪一天，在某种条件下，你的方法，就会对工作的进展有巨大的意义。要记住，世界上从来就不存在什么笨问题或笨办法，只不过是时间或时机不对而已。

多年前，有一家酒店的电梯不够用，打算增加一部。于是酒店请来了建筑师和工程师研究如何增设新的电梯。专家们一致认为，最好的办法是每层楼打个大洞，直接安装新电梯。方案定下来之后，两位专家坐在酒店前厅面谈工程计划。

打洞不但要在每一层占一间房，而且会弄得尘土飞扬，专家们正在讨论如何展开工作，才能控制对酒店正常经营最小的影响。这时候一个清洁工正在旁边打扫卫生，她小心翼翼地问："为什么就不能把电梯装在楼的外面？"

工程师和建筑师听了这话，相视片刻，不约而同地为清洁工的这一想法叫绝。于是，便有了近代建筑

史上的伟大变革——把电梯装在楼外，而这也是观光电梯的起源。

可想而知，如果那位清洁工碍于自己卑微的身份，即使有那样的好办法，也不敢张口发出疑问，那么，就近而言，酒店会付出不小的成本，减少很多的受益，就远的来说，电梯装到楼外，观光电梯，可能会推迟很多年才出现。

在一家生产牙膏的企业，由于其他品牌的相继出现，占据了很大一部分市场份额，导致该企业牙膏销量急剧下降，如果再这样下去，很可能就会被挤出市场，在消费者那里销声匿迹。时代不同了，广告让消费者可以很快就认识和接受一个新产品，尽管它的效用和功能还比不上那些靠质量取胜的老牌子。可是企业现在资金不足，没办法投入广告。

怎样才能让牙膏企业的老牌子不倒？该企业召开全体员工大会，向所有人征集好办法。

大家七嘴八舌，都没能拿出更好的方案来。这时候，有一名员工举手，"老板，能不能把牙膏口增宽一点儿？"

就是这么一个看似很笨的办法，让该企业顺利渡过了危机。从眼前来看，他们让还认他们牌子的老顾客多挤了一点牙膏，但从长远来看，他们很快增加了收益，公司有了足够的资金，立刻投入广告，增加销量，然后又积极改进包装和技术，终于使这一老牌子得以继续为顾客提供保护牙齿健康的优质牙膏。

在我们这个变化剧烈的时代，过去一直遵循的行事方式很可能不再是指引未来行动的金科玉律；而要发现这一点，再也没有什么方法比提出自己的疑问更好的了。

问清楚为什么会有显著的做事方式和理由，根据何在？问一下如果那么做的话会不会有更好的效果？问一下你的顾客，如果你改变一下服务方式，他们是否会更满意？问一问其他人能否对目前的做事方法做出改变，如果能，会有怎样的改变？问一问你的直接上司，你怎么做，才能让他更满意？如果你觉得有些方法可行，千万不要保持沉默，大胆地问一下你的领导，可不可以？

只有需求才是机会

每一项需求就是一个机会。我们可以做很多事，

但你做得再多，如果不被需求，就没有价值。所以，我们不要做自己可以做到的事，而是要做领导需求的事、做顾客需求的事，因为只有需求才是机会。

冰箱最初被创造出来的时候，按照冷热空气比重原理，冷冻层做在上头，冷藏层做在下头，这样的话，冷空气会从上层自动往下层流动，有利于对冷空气的利用。但是后来，为什么冰箱会逆反这一重要原理，改成冷冻在下层，而冷藏在上层呢？是因为需求。冷藏更经常被使用，而冷冻却相对较少，每天要弯腰低头取用物品，显然非常不便，而站着平视就能取用到需要的物品，才能方便顾客。

而冰箱被更广泛地应用，这一改变也起了不可小觑的作用。人们不再觉得不方便了。

在我们的工作中，就是要经常地换位思考，领导需要我们做什么？我怎么做才能让领导更方便？才能更好地完成任务？才能更多地满足顾客的需求？

李厚霖曾经是恒信钻石市场部的工作人员，在企业准备扩张市场、铺展店面的时候，李厚霖提出，"别的品牌都在追求开店的数量，重视的是顾客购买的便利性。可是结婚这么大的事，谁买钻石会因为这家店离家

近就去那买呢？"钻石这种东西，是跟随相爱的人一辈子的信物，所以人们会比购买其他物品更注重品质。

公司认真考虑了李厚霖提出的问题，大胆地开辟了一块面积达上千米的地方，集中销售钻石产品，果然引来无数的消费者。

生活用纸市场竞争非常激烈，维达是老大，心相印紧随其后，后面价位稍低、品质不错的清风也渐渐分割了一大块蛋糕。其他品质不高、但价格低廉的纸品又紧紧把着另外一块大蛋糕，娇云如何生存和发展，一直是企业上至领导、下至员工心焦的问题。

在2013年的产品研发会议上，一位女性研发人员提出一个问题："市场上虽然也有便于携带的纸张，其实它们的包装大小都雷同，但纸张过少，往往不够一天用的，有时候打开包一看，已经用完，实在是尴尬。我们为什么不生产一款比卷纸方便、比方便包更大一点的卫生纸呢？"

她的建议被采纳了，如今，娇云生活用纸便携式随身包是市场随身包体积的2倍大，别人10张，它有22张。这款新包装的卫生纸，就受到了消费者欢迎，娇云半年的销售额比上一年同期增长了30%。

之前在公司里，人们只是想着怎么才能投入资金，提高纸张质量，是否需要投入广告，让娇云深入人心，说到底是怎么和别的公司比，怎么提高产品的知名度。但这位研发人员，却从顾客需求出发，从另外的角度去考量分割市场蛋糕的可能性。

对于你正面临的问题，你一定要问问自己，当你提出解决问题的办法时，它的直接受益人是谁？你一定要牢记，直接受益人首先是他人，然后才会是自己。因为别人不能从你的办法中受益，就不会回馈你。这个因果关系是不会变更的。

在面对每一种需求时，都要尽力找出三种以上可能的方案，并且每一种都要尽力找到自己认为完善的方案。要多问"如果……怎么办？""要是……会怎样？"这才能探索出更好的满足公司需求和顾客需求的好方法。

第三节

具备过硬的职业素养

任何公司都对员工的职业素养有一定的要求，比如忠诚、敬业、诚信、团队精神。现代社会竞争日趋激烈，人最多的地方，不是上下班的地铁口，而是招聘会。即使已经拥有一份工作，在岗的，和无数还没找到工作的、正在准备跳槽的、可以空降的，都还是你的竞争对手，那种有了一份工作，就可以稳稳地待一辈子的时代早就一去不复返了。你会被辞退，已经不再单单是因为你做不好，而是因为有人可以比你做得更好。因此，整个职场环境，对于员工的职业素质也有了更高的要求，我们只有培养过硬的职业素养，才能在惨烈的竞争中，立于不败之地。

能够做好老板交代的事，具备一定的职业素养，

这已经成了组织对员工最基本的要求。职场更需要的，是能够想公司之所想，做公司需要做的事，并且可以做得很好，而想要达到这样的境界，必须具备过硬的职业素养。

力求上进

各行各业，无论从事什么工作，就连招聘小保姆，有经验的人都被优先选择。很多人以为，所谓有经验，就是他干过那个工作，知道他能干。不对，有经验并非如此简单。有经验，是指他干过那份工作，并且已经从那份工作中学习到如何干得更好。"能干"和"更好"是有很大差距的。没有经验的人也"能干"，但不会"更好"。这是任何组织在招聘新人时为何选择"有经验"的根本原因。

那么在公司内部呢？同样存在淘汰和选拔的体系。公司不景气，运用的是淘汰体系；公司要扩大，运用的是选拔体系。即使没有这些大的变化，公司管理者也会默默地衡量一个员工是否能够做得"更好"，并且以各种各样的方式给予评估和处置。

所谓做得"更好"，不仅仅包括你是否能从本职工作中积累经验，还包括你是否能提高技能，让你的

能力范围大于你的本职工作，而不是能够应付得来。这就需要你有上进心，在和工作相关联的各个方面，不断学习，提高自己。

　　权明俊和苏乐梅前后脚进入某家广告公司，有专业背景，还有3年工作经验的苏乐梅自认为胜任自己的工作，每天不紧不慢，有项目，就埋头工作，没有项目的时候，就优哉游哉地玩电脑。权明俊则不同，他学的是中文专业，之前也没有从事过和广告有关的任何工作，公司招聘他来，只是因为当时项目紧张，紧缺人手。而公司没有解雇他，仅仅因为公司养活一个薪金没超过3000元的员工没有任何负担。但是，让老板欣喜的是，权明俊在有项目的时候，尽自己的能力，写出一篇又一篇的文案，当没有项目的时候，他从来都不闲着，而是埋头学习广告学，还观看和研读了很多同行业平面广告的优秀作品。

　　两年时间过去了，公司因为业务量缩减，需要裁员，但老板知道，这种局面只是暂时的，当经济大环境好起来的时候，公司还会增加业务量，这个时候，老板就在考虑，留下哪一个。最终老板选择留下权明俊。因为权明俊力求上进，即使他现在和苏乐梅有一

点差距，但终归会超过她，将来可堪大任。

如果你是老板，你也会选择那个更有发展潜力的员工，对吧？

就是这样，无论什么时候，公司在淘汰或选拔员工的时候，是否具备上进心，一定是他们首要考虑的问题。

上进心不仅可以说明这个员工是否有更多的经验来做好本职工作，还说明，他也愿意通过自己的努力，去做公司需要做的事。

勇于创新

随着时代的发展，信息泛滥，产品过剩，程序老套，当"有"早已是人们最低层次的需求时，"新"就显得迫切需要。因而，创新对于企业的生存发展至关重要，创新是所有企业家关注的焦点，是否具备创新素养，是他们考察一个职员是否胜任目前职位或未来职位的一个重要环节。

因此作为职场人士来讲，一定要培养和具备创新素质。这包括两个方面：

第一个方面，要具备创新意识。不管是以前做过

的事情，还是手头正在从事的事情，做完或正在做的时候，一定要回顾或考虑还有没有更好的办法加以改进和更新，让事情更加完善。

1901年，英国伦敦莱斯特广场的帝国音乐厅正在展示一种美国的车箱除尘器，它利用压缩空气的方式释放出气流，将灰尘吹入到一个容器中。前来参观的英国土木工程师布斯仔细观察这种设备，发现它虽然具有很多优势，但是却依然有致命的缺点。因为使用空气吹灰尘的方式不能将灰尘完全吹入到容器中，还会搞得尘土飞扬。

布斯回到家中仔细思考，决定反其道而行，使用吸入空气的方式而不是吹出气流的方式制造除尘器。他做了一个简单的试验，将手帕绑在椅子扶手上，对着手帕吸入空气，结果手帕上很快蒙上了一层灰尘。通过这样的试验，布斯确定了吸尘器的可行性，并很快用强力电泵和布制袋子组合成了第一代吸尘器。

如今吸尘器几乎普及到每个场所当中，包括家庭和办公室，这都归功于布斯当年对已有事务的创新改造。

第二个方面，要具备创新能力。创新能力是可以

训练和开发的，现在市场上有很多关于培养创新能力的书籍，我们要主动学习相关的指示，开动自己的脑经，训练自己的创新能力。

作为职场白领，对3A便利贴是再熟悉不过，无论是个人阅读，还是给别人留言，我们都用过太多的3A便利贴。但我们不知道，3A便利贴的发明，就是源自一个员工的创新能力。

那时候3A公司不做便利贴，做胶水。那一天，研究部想要发明一种黏性很强的胶水，可是因为配比不对的原因，胶水虽然很黏，却不牢固，沾上的东西，哪怕是最容易撕破的纸张，也能一揭就下来。就在研究部决定放弃这个配比，重新研发需要的胶水时，一个研究员向公司高层提出了自己的构想：人们可能需要这种黏性强却不牢固的胶水！

于是我们知道，3A便利贴满世界飞！

这样的创新能力，不但改变了自己的地位，也改变了公司的命运！无疑，这是企业、组织最需要的员工素质。

微软中国研究院研究员凌晓峰博士认为，世界知名的大公司都很重视员工的创新能力，因为要使自己的技术、产品、服务领先，就要做到与众不同……思

路奇特，善于创新，从不满足于现有成绩，是优秀的员工必须具备的素质。

的确，员工的创新能力正越来越被企业看重，你能想出一个别人想不到的主意，也许就能成就一番事业。像美国的硅谷，很多公司是从一个好点子起家的，那里没人问你的学历，只要你有创新能力，风险投资就会落到你头上。

有强烈的创新意识、具备创新能力的员工，是公司实现其价值的最大资源，是公司最需要的人。

主动执行

成功学大师拿破仑·希尔说："主动执行是一种极为难得的美德，它能驱使一个人在不被吩咐应该做什么事情之前，就能主动去做应该做的事。"

的确，没有哪一个老板，不喜欢那些主动寻找任务、主动完成任务、主动创造财富的员工。主动执行，意味着可以发现老板还没发现的问题；主动执行，也意味着为了集体的利益，愿意承担本职工作之外的事务；主动执行，更意味着注重集体荣誉感，具备主人翁精神，把组织的利益看得很重。主动执行，就会主动请缨，自觉排除困难，为公司需要而付出努

力。相比于那些推一下动一下或者只有老板看到的时候才会有所表现、对公司利益漠不关心的员工，具备主动执行精神的员工，总是习惯于主动承担公司事务，习惯于将事情做到尽善尽美。

国际快餐巨头肯德基公司来中国开拓市场时，刚开始公司派了一位代表来中国考察，他来到中国首都北京，看到街道人头攒动的场面，内心激动不已，尽情地畅想着肯德基一旦在中国站稳脚跟后的美好未来。在很多人看来，那位代表的工作算是尽职尽责了，哪知他兴冲冲地回到公司总部汇报情况后，总裁还没听完他的"美好遐想"就停止了他的工作，另派了一位代表来北京。

新代表先是在北京几条街道测量了人流量，进行了大量的实地走访，然后又对不同年龄、不同职业的人进行品尝调查，并详细询问了他们对炸鸡的味道、价格等方面的意见，另外还对北京的油、面、菜甚至鸡饲料等行业进行了广泛的摸底调研，最后将样品数据带回总部。总裁对这位代表赞赏有加。

不久，后一位代表率领一帮人进驻北京，"肯德基"从此打入了北京市场。

前一位代表也在执行，但他并不具备主动性。表面上看，他完成了老板交代的任务，实质上，他只不过是应付了事。工作需要做到什么程度，任务是否真正完成，老板心知肚明，对于敷衍了事，带着"美好遐想"的工作报告走进办公室的职员，老板一定会让他赶快离开。只有兢兢业业，想公司之所想，为公司的前景和发展考虑周全、主动完善工作任务的职员，才会被委以重任。

公司需要主动执行的人，需要他们能完成更多公司需要去执行的任务。而作为公司职员，你的机会，其实就在于你主动执行的每一次工作任务中。

追求集体荣誉

在足球场上，看起来，前锋是主体，射门的球员会成为焦点。然而，如果球员们没有集体荣誉感，再好的前锋也没有进球的机会。

组织对员工的要求，和球队对每个球员的要求是一样的，即使你被分配到相对来说不太重要的角色，你也要尽你自己的全力，发挥团队精神，追求集体荣誉。可以说，追求集体荣誉感的职员，一定会想着做更多公司需要做的事，他们绝对不会只是自扫门前

雪，而是常常关注集体，关心团队成员，时刻想着为集体、为同事清除"瓦上霜"。

某公司总裁曾经说过这样一段话："一个员工是否优秀，在他进公司的时候是很难看出来的，只有当他打算离开公司的时候，你才能发现。你一定要特别注意那些准备离开公司还能负责尽职的人，要了解他们的情况，尽量解决他们的困难，以便将他们留下来，因为他们是在为荣誉而工作，这样的人才是无条件为公司负责的人。"这说明追求集体荣誉的员工是极其受欢迎的。

只有注重集体荣誉的人，才会主动争取做得更多，才会愿意承担更多的责任，才会自动自发，去了解公司需要做的事，为集体的利益行动起来。

丁益辉是某网站新闻部职员，工作6年，勤勤恳恳，是新闻部的主力。因为他良好的工作表现和谦恭的为人处世态度，公司管理层决定提拔他为新成立的总编室主任。从普通职员擢升为公司管理者，丁益辉当然很高兴——职位提升了，工资也会比现在高40%。

同事们都以为他会立刻走马上任。但丁益辉向公司提出了一个请求，让他在原来的新闻部再工作一个月。

总监不明原因，问他为什么？丁益辉说，马上就是全国两会了，紧接着就是3.15，如果这个时候离开新闻部，两会报道期间、3.15活动期间，新闻部必然会人手不够，乱成一团，他得留下来，等忙完了这段时间，才能离开。总监深受感动，决议将总编室主任一职空缺一个月，但此事必须上报总裁。总裁了解到这个情况后，立刻拍桌子敲定，这个职位永远为他留着！

可想而知，如果丁益辉为了新职位，完全不顾老岗位，会给新闻部造成多大的困惑。但他考虑周全，关注公司的整个运营状况，关心老部门当下的状况，这是极具集体荣誉的表现。这样的职员，是哪里需要，就会往哪里冲的人；而这样的员工，也是哪里需要，会被哪里想到并重用的人。

爱迪生曾说过："荣誉感是一种优良的品质，因而只有那些秉性高尚、积极向上或受过良好教育的人才具备。"如果一名员工对自己的工作有了足够的荣誉感，将自己的工作引以为荣，将自己的公司引以为荣，对工作承担责任，对公司抱有感情，那他必然会焕发出无比的工作热情，就像一颗螺丝钉，哪里需要往哪里拧！

第四节

发现更好的自己

认为自己是在替别人工作，这是职场人员所犯的一个最大错误。

什么叫替别人工作？这件事情本来应该由别人来做，受益的也是别人，这叫替别人工作。比如替身，在镜头前，替大明星表演打斗场面或危险动作这叫替别人工作。

职场中，你虽然拿着老板的薪水，为公司的正常运行发挥着作用，可你一旦被指派担任某份职责，你就是这份职责的主人公。你的航船由你自己来驾驶，你可以是自己的主宰，是你的思想与行动的唯一决定者。你的业绩前面是你自己的名字。

作为替身，他再怎么努力，荧幕上也不会出现他

101

的名字，他也不可能靠着角色的光耀而使自己成名；但作为公司职员，你完全可以靠着自己的绩效成就自己——你可以成为打工皇帝，你还可以应用职场经验，开办自己的公司。

很多人可能还会这么想，我们没有做得最好，是因为我没有遇到伯乐，没有遇到可以让我更好发挥才能的工作岗位，没有遇到可以发现我的更大潜力的好老板。

的确，世有伯乐，然后有千里马。但我们也别忘了，"千里马常有，而伯乐不常有"。如果我们只是在等待伯乐，等待幸运之神降临，那我们终将"祗辱于奴隶人之手，骈死于槽枥之间，不以千里称也。"或许，幸运的事情有可能发生，但那是别人给你的；如果你肯主动出击，自己打造一个更好的自己，那么幸运就是你自己给自己的。

所以，与其等待不能确定的幸运，不如你自己发现更好的自己。

可能有人会说，我已经在尽力为公司做事了，让我做什么，我就做什么，并且我也做了一些公司需要我做的事，我在尽我的能力，让我胜任自己的职位。

真的吗？你真的尽了自己的能力，使你自己胜任

目前的职位吗？其实你不过是想保住自己的饭碗，为了你的薪水。你没有真正地释放自己，没有真正地展现更好的自己。

你原本可以做得更好的！

百分百信服自己

生活中，我们常常很佩服别人，某个人是打工皇帝，某个人是商界精英。请问，你有没有佩服过自己呢？

在一次关于"成功人生"的课堂上，主讲老师和下面的学员——他们都来自各大企业的管理层——进行了一次互动，"百分百信服自己的人，请举手"。结果下面没有一个人举手。主讲老师说："不要不好意思，也不要谦虚，觉得自己已经做到最好的人，可以举手。"但现场却死一般的寂静，一分钟过去了，仍然没有人举手。主讲老师说："百分之五十信服自己的人，请举手。"这时候，现场有30%的人举起了手。当主讲老师把信服自己的比率不断降低的时候，现场举起手的比率反而升高了。

互动表明，我们有太多的人，没有让自己做到更好。

怎样做得更好，如何百分百信服自己？要从两个方面入手：

第一，做时百分百投入。

科学家研究表明，人的智慧只开发了10%；而人在进行一项任务时，只付出了20%的努力；对于一件事情，我们所做的有效的工作，也只有30%。

这就是说，我们根本没有尽到全力。就像我们在第一章中讲述的那个案例一样，当老板问年轻人："这是你能做的最好的方案吗？"年轻人不敢回答，因为他自己也不能信服自己。当他在第三次做方案时，他用到了他能想到的所有方法，并且在每一个环节上都认真执行，最终他相信自己已经做到百分百投入，因此，也就能百分百信服自己。这个时候，当老板问他："这是你能做到的最好的方案吗？"他可以斩钉截铁地回答："是的！"

如同在赛道上一样，你只有拼尽全力，才能跑出你最好的成绩。在职场上也是如此，你必须做到百分百投入，你才能将工作完成得无可挑剔。

第二，做后先问自己是否满意。

当一项任务完成后，或当一次工作内容结束后，你要多问问自己，"如果我是老板，我是否对自己的表现

满意？"常常我们看到有这样的现象发生，员工总认为自己做得已经足够好，而老板却觉得员工没有努力，为什么？因为员工根本没有真正审查自己的工作。大家想的是，我一天八个小时在这里，我还做得不够好吗？的确，一天八小时在工作岗位很辛苦；但衡量工作是否做到位的标准，不是你在这里，而是你在这里做了什么，做到什么程度。衡量的标准不同，得出的结论就不一样。所以，当你转换角色，用老板的心态来问自己，是否做得令人满意时，你就会发现，确实有很多地方需要更加努力。当你能够不断地自问，是否做到令别人满意时，你就会不断地发现自己的不足，不断地提升工作效率，不断地完善更多细节，不断地让自己的任务完成得更漂亮。

设定更高的标准

在电影电视中，我们一定看到过这样的镜头，当医生走出手术室，对病人家属说，"没办法，要么大人，要么小孩，只能救一个"。这时候病人家属掏出一把枪来，怒吼着"大人小孩我都要，不然我就毙了你！"结果，当那位本想放弃的医生再次从手术室出来时，说的是"大人小孩都保住了！"

可能有人看到这样的结果时会更生气，这时候才应该毙了那个医生，本来可以救活两个的，却非说只能保一个。的确，可以做得更好，却不去做，是该被"枪毙"。

看到这样的场景，我们有没有想过，很多时候，我们就是那个"只能救活一个人"的医生。

亨利·沃德·比彻深信成功的秘诀就在于，"为自己设立高标，超越别人对你的期望。"

享誉世界的沃尔特·迪斯尼，就是这样一个不断给自己设立更高的标准，不断超越别人对他的期望的人。而他也正因为具备这种拔高自己的精神，才成为了著名的迪斯尼乐园的主人，成为了世界上最好的医治、安慰人类心灵的超级"心理医生"。

沃尔特的父亲是西班牙移民，因此他们虽然生活在美国芝加哥，但家庭并不富裕。在家庭看来，沃尔特应该谋一份挣钱的职业，但沃尔特自己的理想是当一名画家，因此，在校期间，他将所有的业余时间都用来学习绘画。

第一次世界大战后，沃尔特是一家广告公司的职员，薪水不低。但这时候他又一次拔高了自己的理

想，他想创造更为出色的动画片。一旦确定理想，沃尔特便经常去堪萨斯公共图书馆，阅览有关电影动画绘画的书刊。很快，他用筹措到的1500美元启动资金，创办了动画片制作公司。

经过一番波折，沃尔特公司的动画已经涨到了每集3000美元。沃尔特本人也可以靠着制作人的身份赚取大把酬金。按说，沃尔特应该满足了，他的理想实现了！但他仍然一次又一次地为自己设立更高的目标。

于是，米老鼠出现了，唐老鸭出现了，迪斯尼乐园建成了！

已经开创了这么伟大的事业，可能很多人以为，沃尔特·迪斯尼不再给自己提那么高的要求了。事实上，沃尔特仍然不断地给自己设立高标准：他要求员工每天都把游乐设施擦得锃亮，定期给游乐园的板凳上漆，每天更换射击场的枪靶，清洁员必须在集训后才能开工，即使是停车场的员工也必须接受完整的礼仪训练……

于是我们知道，洛杉矶迪斯尼乐园之后，在佛罗里达、东京、巴黎、香港，都相继建起了规模宏大的迪斯尼乐园。

就是这样，当你能为自己设立更高的标准时，你才有可能达到更高的成就。就像爬山一样，如果你决意爬到山顶，你就有可能到达；但如果你认为自己只能爬到半山腰，那你就真的上不了山顶。

超越自己的智慧

人生中，我们犯的第一个大错，是跟别人比。印度哲学家克里希那穆提曾经说过，"比较是痛苦的根源。"因为总有人比你强。我们犯的第二个大错，是不跟自己比。女作家乔叶说，"成长是一辈子的事。"你是否想过，今年的你，比去年的你，有没有进步？在同类型的事件上，你这一次的表现，比上一次的你，有没有更好？

树木之所以更加繁茂和粗壮，是因为它每一年都会长出新的枝桠。作为人也是如此，你要想更加强大，更有作为，做得更好，你就必须不断超越自己的智慧，必须每年都长出新的"枝桠"。

超越自己，应该从以下三个方面去进行。

第一，从过去汲取经验教训。

如果你没能从过去学习，那么你就不能成长。所以我们常常说，犯错还不算错，同样的错误，再犯，

就是大错了。因此在职场中，我们要善于从之前完成的任务中汲取经验教训。哪些地方做得比较好，这一次是不是还可以应用上次的方法；哪些地方做得不够完善，这次怎样改进，以避免疏漏；而哪些地方是完全错误的，在这次的任务中，如何规避错误，寻求正确的方法。

第二，审视现在的自己。

有心理学家研究发现，人们在镜子前，会表现出最好的自己；而即使是一个罪犯在和别人动手时，如果拿一面镜子照着他，他也会停止自己疯狂的举动。这是因为，人们看到了自己。

将这一心理学实验应用于职场当中，当我们能够经常审视自己，我们就会让自己表现得更好。

所以，当你正在进行一项任务的时候，别忘了，每天花一点时间，在每天上班前的5分钟，或下班前的5分钟，安安静静地审视一下自己，对于今天的工作来说，你是否表现得很好，是否可以表现得更好。通过这样的审视，你一定会觉得，自己还有更需努力的地方。

第三，增进专业技能，扩展知识领域。

你所具备的知识越是渊博，你就越明白做事的道理；你知道得越清楚，你可以做成功事情的概率就

越高；你的表现越好，做的事情越漂亮，你的价值就越大。

所以，无论你从事什么样的工作，正在怎样的职位上，职业生涯是否一帆风顺，你都不要忘了，你还需要增进专业技能，扩展知识领域。如今的时代，学习力就是竞争力，要是没有继续学习的心态，没有不断追寻各个领域的新知以及创造力的行动，你丧失的，不仅仅是对目前工作的适应能力，更有可能是在整个职场的就业能力，乃至生存能力。

不管你现在多么成功，你都应该对专业技能不断投注心力，对更多知识怀有兴趣。如果你不能成长，不能超越自己，你就不能更好地胜任职位，甚至会被淘汰。

确立更清晰的目标

1970年，美国哈佛大学对当年毕业生进行了一个关于人生目标的调查，结果显示：27%的人没有目标，60%的人目标模糊，10%的人有清晰但比较短暂的目标，仅有3%的人有清晰而长远的目标。

1995年，哈佛大学再次对这一批1970年的毕业生进行跟踪调查，结果是这样的：3%的人，25年间他们朝着一个既定的方向不懈努力，现在大部分都是社会各界的成功人士；10%的人，他们的短期目标不断实现，成为各个领域中的专业人士，也都生活在社会的中上层；那些人生目标模糊的60%的人，他们的生活与工作倒也安稳，但都没什么突出的成绩，生活在社会的中下层；而27%没有目标的人，他们总是在工作和生活中变换着

角色，过得不如意，喜欢抱怨社会和他人。

同样是哈佛的毕业生，25年间的人生轨迹明显不同，就在于，当年他们在人生目标方面有不同差异：一些人懂得去设立自己的目标，一些人却浑浑噩噩。关于哈佛毕业生因目标差异而结果差异的调查，正印证了莉莱所说的那句话，"赢得好射手美名并非由于他的弓箭，而是由于他的目标。"

的确，没有目标，就像航行在大海中却没有方向的轮船一样，无论朝向哪个方向，都迎着逆风。蒙田说，"没有一定的目标，智慧就会丧失；哪儿都是目标，哪儿就都没有目标。"

J·C·潘尼说："给我一个有目标的小职员，我可以把他变成创造历史的人；给我一个有目标的人，我可以把他变成一个小职员。"拥有目标，就不会丧失自我，就不会缺乏干劲。安德鲁·卡耐基说："如果你想要快乐，设定一个目标，这个目标要能指挥你的思想，释放你的能量，激发你的希望。"

但目标必须是清晰的，不然你就会成为那60%中的一员；哥伦布只想找到新大陆，爱迪生的1600次试验为的是点亮电灯泡，他们的目标非常清晰，所以他们一直向前，终于抵达成功的彼岸。

职场中没有无能的人，只有没有清晰目标的人。因为没有目标，就不会有动力；没有目标，就不会有行动；没有目标，就不会在进行工作任务时坚持到底。目标是跑道上的终点线，你上了跑道，就想撞到它；目标是成绩判断的标准，你打开考卷，就想拿个最高分。清晰的目标，会让你更加勤奋和专注，当然，结果也会更好！

设立有效目标

何为有效目标？

有效目标的第一个也是最重要的元素，就是可以达到，也就是具备一定的可行性。很多人说，我也有过宏伟的目标，我想做美国总统。的确，想成为美国总统这是一个不错的目标，说明你的志向足够远大，但如果你不具备成为美国总统的一定的条件，并且你都没有考虑过自己通过多少年的努力，才能完全具备那些条件，那么你所谓的宏伟的目标，不过是一时的空想。再辉煌的空想，都不如低下头来做一件具体的事，哪怕是擦一下自己的办公桌。

当然，有些目标是可以达到的，比如写作一本小说。然而空想家们常犯的一个错误，并不是给自己设

113

定一个从现在开始怎么努力都不可能达到的目标，而是设定一个脱离具体实施步骤的目标。比如一个月写作一部30万字的小说，三年内拿公司CEO的身份取代今天底层员工的身份，本年度将销售额提高300%。原本有些目标是可以达到的，但如果不考虑具体实施情况，那么所谓的为自己设立目标，就不过是一种宣泄自己无能的情绪。

所以有效目标必须可行，还必须是循序渐进地去达成。

根据往年的生产数额，年内将产量提高2%，这个数字高于去年，但又可通过努力完成，这才是有效目标。在设立目标之后，立刻分解目标，为了完成这个数额，接下来每个月要多生产多少产品，为了将产量提高，应当进行怎样的设备更新，应当进行怎样的员工技能培训，当这些事情都可做，并且做到之后就可达到目标，这才叫有效目标。

有效目标的第二个重要元素，是具有一定的挑战性。这个月坚持不迟到不早退，这是对自己的一种要求，而不是目标，因为这原本就是你应当做到的。何为目标？从这里，到那里，这是目标。如果你一直是在原地打转，那不叫目标。所以，我们在设立目标的

时候，一定要具备一定的挑战性，具体来说，一定要使目标所在位置比现在远，比现在高，成效比现在好。做好需要做的事，就是需要我们在必要的时刻，给自己设立具有挑战性的目标，使得自己能为公司奉献更多的能量。

具体并且可以量化，是有效目标的第三个重要元素。所谓具体，就是有标准。从总编到总监，这是职位标准的提升；从30万销售额提高到32万，这是数字标准的提升。如果你给自己设定的目标，是"好好干，争取当个小领导"，这不是目标，这是期望——是你内心当中对管理者权威的某种向往。当你的上司问你今年的销售额能提高多少，你回答说提高个几万吧，这也不是目标，这是应付场面的无奈托词，你深知你不这样说，你就没有台阶下。似乎给了领导目标，但目标模糊，你也没有信心，更没有为目标奋斗的具体计划，接下来，你也不会为了实现目标而做出一步步的努力，你只依赖运气。

目标有时限，并可分解，这是有效目标的第四个重要元素。分解目标的前提，就是时限。在从今天开始，到实现目标的那个时间点，这段时间里，自己要怎么逐步实现目标，怎么分解计划，这都是相互关联的。如果

你的目标没有时限，"将来我要成为全国销售冠军"，你的这个"将来"就会"来日方长"，你也就不会为了使目标得以实现而一步步分解计划，"今年内要做到什么程度，明年又要上怎样一个台阶"，而任何没有分解的目标，都是不可达到的目标。一口吞下一碗饭，要么吞不下，要么噎死了，总之是注定会失败。

当你为了做好更多的工作，胜任更好的职位，设定了一个有效目标时，接下来，你就要针对实现这个目标，立刻采取一些措施了。

可视化你的目标

如果你和别人站在一条起跑线上，百米跑道上，你看得到终点线，你会怎么样？尽管你认为你的速度肯定不敌对方，但你也会尽全力，让自己的速度不至于那么慢，并且一定会抵达终点。

然而人生的实际情况是，我们常常和别人站在一条起跑线上，或自己一个人站在起跑线上，跑道比较漫长，漫长到我们会忘记自己是在和别人或和自己赛跑。这不是只会发生到你身上的个别情况，我们每天要处理很多工作，回家还要哄家人开心，所以，很多人都会犯这样的错误，明明设立了一个很不错的目

标，可是我们却渐渐地把它忘掉了！像到了下半年，忽然发现时间过得好快，距离实现目标的时间已经不多，这样的感触，恐怕很多人都有过。这是我们没有将目标"视觉化"的结果。

俗话说，好记性不如烂笔头。再好的记忆，你也得先有意识地去记忆库中搜寻，而我们常常忘了去搜寻。再破烂的笔和纸张，白纸黑字，写下来，就贴在你的工位前方，你想忘记也难。

所以，要想实现自己的目标，就得提醒自己天天看见自己的目标。

最可靠的视觉化目标，要以分解目标为前提，然后以时间和目标为坐标轴，将时间段和分目标分布在横纵坐标上——横向坐标，标明时间；纵向坐标，标明分目标。比如一年内为公司做12件有意义的事，每个月争取做一件。在你的坐标图上，横轴是时间段，纵轴是分目标，在坐标轴内，做到就标对号，没做到就表叉号。这样可见的标示图，可以让你对时间、目标、完成情况一目了然，既不会让你在繁忙的事务中，忘记自己的目标，又会督促你不断努力，争取完成目标。

这种看得见的目标图，会让你加倍重视自己的承

诺，会增加你的原动力，会集中你的注意力，会鞭策你继续努力，到接近实现目标的时刻，更为增强你不达目标决不放弃的信心。

看得清终点，可视化跑道，接下来，就是一口气跑下去。我们知道，不管是需要速度的百米赛道，还是需要耐力的马拉松，要跑完全程，我们都需要坚持，一刻也不停歇的坚持。

很多人没能有一番作为的根本原因，不是没有设立目标，也不是忘记了目标，而是不能坚持。目标图上写得很清楚，一个月完成项目策划书，前三周每周完成总量的三分之一，最后一周进行总的调整和修正。然而，第一个星期马上就要过去了，三分之一还远远不够，可是他会给自己一个理由说，时间还早，下周多干点儿。做任何事情，如果有这样的态度，那么设立再科学再鼓舞人心再能给你带来好运的目标都是无效的。

所以我们一旦设立目标，就要严格遵守当初自己对自己的承诺，无论发生什么事，都要让分解目标在预订时间内完成。所谓今日事今日毕，如果将今天的目标放到了明天，就等于在马拉松赛道上，你希望自己用剩余三分之一的体力跑完剩余三分之二的赛程一样，你再怎么疲于奔命，也不会抵达终点了。

预先看到实现目标

七年的时间，一个人完全离开高尔夫球场，没有接触到和高尔夫有关的任何信息和器具，没有电视，没有球杆，没有球，七年之后，重返球场，仍然打出74杆的漂亮成绩，这样的故事你会相信吗？

有一个人就真的做到了。

作为战俘，史密斯少校被逮捕并且在监狱里度过了整整七年时光。在这七年当中，他有五年半的时间，与外界完全隔绝，甚至连苦役都没机会做，只能呆在不足七平米的单人牢房里。怎么办？就这样无所事事地祈祷自己早日被释放吗？显然，那只能碰运气。

为了保持身心健康，更为了活下去，史密斯每天都在牢房里"打高尔夫"。怎么打？在心里打。他每天在心里完完整整地打完18洞。在心里，他"看见"自己穿着高尔夫球装，走到第一个球座；"看见"自己球座的尺寸，"看见"球场上的一草一木，一鸟一石，"看见"自己拿球的姿势，告诫自己臂要伸得更直一些，眼睛要盯着球，他还"看见"自己一杆打出，球在空中飞出，掉在地上，滚到自己的目标位置。最后，他"看见"自己打出了当年92杆的最高成绩。

因为在头脑中一直描绘着实现目标的蓝图，所以当他真正站在球场上挥杆时，他也能有不错的成绩。

发生这样的事件后，科学家们并不认为这是个案，他们通过认真研究，得出一个重要结论。如果我们在头脑中认真做一件事，当我们实际行动时，会比不在头脑中做，成功的可行性大大提高。另外，科学家还证实，如果我们总是"看见"自己可以做到的美好蓝图，我们可以做到的概率就会大大增加。

多年前，成功学大师，曾任美国总统罗斯福首席顾问的拿破仑·希尔对这一现象做了总结性的研究。原来，在头脑中生成成功画面，便可引导人们在现实中走向成功，是人类在5000年以前就已经发现的"吸引法则"。思想犹如一块磁铁，在生活和工作中总是不可抗拒地吸引着与自己思想一致的人、事、物和环境，所有幸运与糟糕，都是主动被我们吸引而来的。而且你越是与自己的思想波动协调一致，你就越会真正吸引你想要的东西进入到你的生活中。当你的思想与行为越一致时，你的引力场就会越大，也就是说，你越是想到你可以成功，你就越容易成功。

在头脑中总是"看见"是我们的思想，因为这种对成功的享受，你会自觉不自觉地去做和成功相关联

的事情，甚至是自然而然的去做使幻想成真的事情，这是一种无意识的鼓励，也是吸引的神奇力量。

因为我们的头脑里还有很多事情，所以，让自己预先"看到"实现目标、获得成功的最好的办法，还是让它可视化。因为想买一辆漂亮的法式中型轿车，就将那种车的照片贴在每天都会看到的家门上；因为想成为肌肉男，就将健身教练的照片贴到壁柜上；为了考上博士学位，有人把自己戴着博士帽的照片当作书签，分散在所有需要复习的书本里……这种情景我们一定看过不少，这就是典型的以可视化的美好蓝图，吸引和鼓励自己去坚持努力的典型事件。

你也应该在一张纸上，写上或画上你已经实现目标后的情景，比如你可以写上这一个数字￥15000，表示你实现这个销售额度后，将有15000元的提成；你也可以在某个任务旁边，画上鼓掌的图标，表明你完成这个任务，一定会得到老板的肯定。将你认真画好的成功蓝图，贴在你的目标坐标图旁边。

可视化的美好蓝图，会让你总是有一种目标实现以后的惬意感，同时会激励和敦促你为了让蓝图成为现实，而不断去努力。

向着目标，行动起来

丁琴琪想成为一名自由作家，三年前，当她有了这个想法之后，她便很快构思了一部言情小说，并且还设想了自己成为自由作家后的生活变化——离开那个官僚体制的单位，每天睡到自然醒，成为作家后，一边优游，一边写作。可以说，她也给自己设定了目标，并且在头脑中还为自己描绘了一幅美好的蓝图。

然而，三年过去了，她还没有为她的小说写下哪怕三个字的开头。

前通用电气公司总裁杰克·韦尔奇认为，"想法再好，如果没有行动，和没有想法没什么两样。"的确，很多人一生庸庸碌碌，并不在于他们没有目标，很多时候，甚至他们的目标比那些成功的人还清晰明确，他们没能有所作为的原因，就在于他们只设定了目标，却没有去关注如何实现目标，更没有为达成目标而付出行动。

格莱恩·布兰德说，"在这个世界上，有成千上万的好主意，能够捡起其中一个并且把他变成现实的人就是无价之宝。"你会如何行动，取决于你的目标；而你的目标能否实现，取决于你是否采取行动，并坚持到底。所以，一旦你有了目标之后，不要等明

天或未来某个黄道吉日，而是从今天，从现在开始，做一些事情，不管多么微不足道的小事，只要你行动起来，你就距离目标近了一点。

万事开头难，这并不是说开头的工作较之后面的工作难做，而是说"行动起来"，进入工作状态很难，所以也就有那一句话，一旦开始，就成功了一半。所以，无论如何，请在你有一个目标之后，立刻行动起来。在百米跑道上，那些没有站在起跑线上的人，永远抵达不了终点；而那些没有起跑的人，和没有站在起跑线上的人没什么不同；那些一旦迈开步伐，向着目标前进的人，就有可能获得冠军。

一旦开始行动，就不要分心，不要害怕遇到困难，不要半途而废，要保持专注度，要坚持到底。很多人之所以失败，就在于他们在行动中一遇到困难，就止步不前了。岂不知，百米跑道，需要速度，而110米跨栏、篮球场、有障碍滑雪等等，几乎所有的体育项目都有障碍，对手设置的障碍、物理的障碍，甚至团队成员也会成为你的障碍，比如短道速滑这个项目中，你前方可能就是你的队友，当你想要前进时，他也是你的障碍。有时候，你自己就是自己的障碍。比之于工作当中，有些事情不能一帆风顺，有障碍，这

都是必然的，如果一遇到障碍，就打退堂鼓，那任何行动都不会有结果。

所以，你应该在你的目标蓝图上，标示一个醒目的时间点，比如每周五的下午，或每周一的上午，在这个时间点上，你要问问自己，"我是否还需要做一些事使梦想成真？我是否遇到了阻碍，正在退缩？对于遇到的困难，我是否想到了好办法？我是不是应该再想想办法，克服困难，继续前进？"这样的提醒，有助于你督促自己继续向着目标前进。如果你实在太忙，还有可能忘记了你工位上贴的目标蓝图，那么，在你将目标蓝图贴到工位上之后的一分钟，请你立刻拿出你的手机，在上面设置定期提示功能。如果你有可靠的上司或者好朋友，你不妨将你的目标告诉他们，让他们时不时地监督你的进程。总之，如果你决心实现目标，并且开始行动，你就要想方设法，让自己无论如何都要坚持，不达目的不罢休。

要想专注于行动，让行动能够抵达你的目标，很多时候，我们不能光凭着一股蛮力，哪怕在最简单的百米赛道上，运动员也会运用一些技巧。在工作中，更是如此，因为很多时候，我们的起跑线和目标之间的距离，不仅是空间上、时间上的可见的因素，还有

各种事物相互关联的无形因素。我们在保持自己的专注度时，还要有计划地进行，还得使自己的行动具备一定的效率。这是抵达目标不可或缺或者说是最重要的环节，关于这些问题，我们将在接下来的小节中加以详细阐述。

WORK
WORK
WORK
WORK
WORK
WORK
WORK
WORK

第六节
让你的时间高效

"时间都去哪儿啦？"这是2014年春节后人们开始思考的问题。的确，"时间哪儿去了？"对于上班族来说，时间好像少得可怜，每周有40小时在工作岗位上，但年复一年，做出的成绩少得可怜。很多时候，不是不想有所作为，只是好像每天都有做不完的事，根本腾不出时间来去做更有价值的事。

真的没有时间吗？如果能让你的时间倒流，仅仅是一周，你会不会把想做却没能做成的事情完成呢？会的，因为回顾过去，你一定知道怎么掌控你的时间，让你的时间充裕且高效。

时间过得好快，我们之所以一事无成，并非因为我们没有能力，而只是因为我们没有安排好时间，没

有充分利用时间。

所以，再不要讲什么"我也想做更多工作，只是没有时间"。世界上根本不存在"没有时间"这回事儿。很多人比你更忙，但他们却完成了更多的工作。他们不是比你拥有更多的时间，一天24小时，对谁都是公平的，一周工作40小时，那些在职场上叱咤风云的人物，并不都是在40小时之外还用功。他们之所以有卓越的成绩，只是因为他们懂得更好地利用自己的时间。

有效地利用时间是每个职场人士都应该掌握的技巧，这和你掌握了开车技巧，在正常交通状态下，就可以比没有驾照只能搭乘公交车的人们更快抵达目的地一样。如果你学会了高效地利用时间，你就可以在有限的时间里，完美快速地完成本职工作，还能做更多公司需要做的事。时间越多，显然你会做得越好。

科学管理时间，为你的工作排序

如果你总是感觉时间不够用，如果你觉得重要的事情总是被耽搁，如果你还想承担更有意义的任务，你就需要科学的时间管理方法，为你的工作排序，以此提高工作效率。

科学的管理时间，分为以下5个步骤。

第一步，罗列任务清单。

将你需要完成的事项和想要承担的任务列一个清单，左边是需要完成的，右边是想要承担的。为了节约时间，你可以给每个任务项前面加上序号。

第二步，分组你的任务清单。

仔细观察你的任务清单，将他们分类，将重要紧急的先挑出来，将他们的序号划掉，写到另外一张纸上。以此类推，将重要不紧急的、不太重要但紧急的、不太重要不紧急的，分别抄写到一张纸上4个不同的区域。别忘了，这当中也会包括你想要承担的任务。

等你确定这个工作排序的方法没有问题时，再找一张空白纸，将轻重缓急不同的4部分工作任务抄写到4个不同的版块当中。

第三步，分布你的工作时间。

不少人可以做到这一步，但最后他们常常会因为力不从心而放弃这个方法。为什么？因为安排得太满了。工作中，难免有些时间是在自己不能控制当中的，比如领导突然开会，同事有问题需要帮忙，一旦这些事情将时间占去之后，他就会因没能完成当天清单中的任务，而导致后面的安排完全混乱。

所谓计划赶不上变化，我们在安排时间时，一定要考虑到一些不可控的因素。因此，科学的时间管理方案一定会体现出计划性和灵活性。

你可以根据自己的工作环境，以60：40或70：30或80：20的时间分配原则，将处理工作的时间缩小到一天当中60%或70%或80%的时间当中。留出40%（30%，20%）的时间来应对突发状况，这样你就可以很从容地完成任务清单了。

第四步，分析你的工作状态。

人和人是不同的，有的人是夜猫子，有的人却喜欢早起工作。对于个人来说，的确，我们的精力在一天当中不是均匀分配的，你可能上午的工作状态非常良好，但下午却思路不能集中。所以，你很有必要了解自己不同时段的工作状态，一次来分配任务清单，从而制订高效率的时间计划。

你可以在精力高峰时间，处理重要的工作，可以在精神怠惰的时间，处理一般事务性的工作。需要集中脑力的工作，放到自己精力充沛的时段；只是机械化处理的工作任务，在注意力低谷期完成就可以了。

第五步，检视时间安排是否合理。

一周之后，回顾一下自己的计划是否如期实现，

然后及时分析原因，为下一个工作阶段科学安排时间积累经验。

当你能够将这种5步管理时间的方法当成一种生活习惯时，你会发现，原来你有那么多的时间。的确，时间正如金钱一样，没有不够花，只有不会花。好好安排你的时间吧，做时间的主人。

规划你的每一天

每一天都需要规划吗？没错！每一天都需要规划！

很多人会说，都快忙死了，哪有时间去规划时间？

正因为忙碌，才更要规划时间。如果你手中的钞票很多，你可能不用规划，也会在财务方面悠游自在。但如果你手中的钞票本来就很少，你就一定会规划，"必须留下房贷"，"减少在饭店用餐的费用"，对吧？时间就是金钱，从这个意义上来说，时间就和金钱一样，越缺乏，越需要规划。

再说，如果你很忙碌，又不去规划，你可能就会在忙碌中分不清事情的轻重缓急，最后把最重要的事情一直拖延至今。只有提前规划，才能让你顺利进行重要的事情，不致延搁，而且知道事情的进度，还能挤出一点时间来，去做一些公司需要的、能发掘你潜

力的其他工作。

规划一天的时间，最好在早晨进行。通常情况下，人们在早晨比较清醒，一天的时间也好似就在眼前，这个时候规划，可以让你更清醒地认识到你一天当中有多少时间，有多少事情。早晨人的精力充沛，面对时间表、任务单，你更容易干劲十足，全力投入到全新的一天当中。

刚刚起床，不必规划时间。起床的时候，你的头脑还不是十分清醒，这个时候，你的注意力应该放在怎么把自己收拾妥当，喝水，吃早点，精精神神地踏进办公室。

规划的时间最好放在踏上上班路的时候，这个时候，交通可能不好，乘车时间也比较长，与其无聊地等待结束上班路程，不如规划一下自己这一天将怎样度过。或者你也可以在坐到办公室的那一刻起，开始规划，10分钟就够了。很多职场成功人士采取这样一种规划方式，每天早晨，打开办公桌上的笔记本，写上一天的任务清单，然后开始投入工作，完成一件，就在任务清单上勾选一件。这是个很好的记录工作任务的方式，一方面让你很清晰地知道手头到底有多少必须完成的工作，另一方面，你会因此而获得不小的

成就感，原来你可以做这么多事。这种成就感会自动鼓励你自己：能做这么多事，就可以做更多的事，更多要求更高的事。

建议你也准备一个任务清单笔记本，并且在诸多工作清单当中，插入一个"思考还能为公司做哪些事"的任务，为公司做额外的事，正是展现你额外的才能的机会。

在晚上进行规划也有一定的优势。因为这个时候，你会对自己当天所遗留下来的任务比较清楚，也就可以更加有选择性地安排第二天的工作。晚上进行规划的另一个优势就在于，你可以通过对当天工作的回顾，发现工作当中的不足和漏洞，这可以帮助你补充和完善更多任务。晚上规划还有一个优势，就是你的潜意识会停留在工作当中，你可能在看电视、打游戏的时候，忽然找到了可以解决某个难题的好方法。别担心，潜意识不会让你的大脑疲惫。它只是停留在大脑的某个角落，如果你正在进行的事情，哪怕是游戏，忽然和那个任务有点关联，它立刻就会被激活。很多成功人士，利用潜意识，发动头脑风暴，想到了极具创造性的点子。

除了每天的时间规划之外，你最好在每周五下午

下班前的20分钟来对本周的工作任务进行回顾，并大致规划好下周的活动。一个时间段的回顾，可以让你对某些需要长时间完成的工作进行整体回顾，而一个较长时间的规划（比如一周或一个月），可以让你对自己的工作目标有更清晰的认识，也能更完整地规划好自己的工作时间。

当你能够很好地规划自己的时间时，就如同你很好地规划了自己的财务支配，你永远不会处在拆东墙补西墙的窘境中，就算你再忙碌，时间（金钱）再缺少，你也会过得悠游自在，做成很多事情，实现更多人生的目标。

如何让时间高效

一样每天拥有24小时，为什么有的人做出了很大的成绩，有的人却碌碌无为呢？抛开其他的因素不谈，导致产生不同结果，还有一个很重要的原因，就是对时间的掌控。成功的人，他们的时间非常高效；而失败的人，他们浪费了太多时间。也可以这样说，成功的人在有限的时间里做了很多事，而失败的人在相同的时间里连一件事都没做完。那么如何让你的时间高效呢？以下提供几个方法：

第一，设置时限。

不管你的工作是否做完，一天8小时都需要待在办公室，这不是管理方面的官僚体制，而是必然的管理方式，因为老板不可能了解到每个人的工作完成进度，人类也没进化到不需要规章制度就能自动自觉不违规矩的程度。在这样的情况下，很多人为了撑满8小时，让自己看起来一直很忙碌，就会选择通过拖延任务需要的时间。这样做的方式对公对己其实都没有任何好处。首先对你自己来说，你降低了自己的能力，浪费了自己的时间，埋葬了自己的才华。原本2小时就可以完成的任务，你用了8小时，会让上司以为你能力不足；2个小时就可以做完的工作，你用了8小时，你的6小时浪费掉了，在这个时间段里，你完全可以考虑去做一些公司更需要的事；当你能做更多公司需要做的事时，你的才华才会显露出来。

因此，你需要设置时限。打开自己的任务清单，决定今天做哪几项之后，还要设置完成的时限。运用这样的时间管理方法，一个很重要的好处是，原来的一件工作，你可能需要一天完成，但如果你在一天当中，只安排了3个小时去处理它的话，它就会在3个小时之内完成。

想想吧，你决定3个小时之内完成这项工作，你就一定会全力投入工作，而避开那些想要占用你的时间的事项，比如尽快结束同事找你谈一个无聊的话题，比如缩短向领导汇报工作的时间，比如在工作当中插入网络聊天。

如此，你就能在很短的时间内完成很多工作，而且还能抽出时间来做更多需要做的事情。

第二，运用莫法特休息法。

再好吃的饭菜，连续吃上几天，你也会觉得腻味；再好看的电影，让你看上三遍，你就厌烦了。这是我们平常具体的感受。其实再好的地，每年种的农作物也不一样，因为相同的作物吸收相同的养分，不同的作物吸收不同的养分。莫法特将这种农业根据自己的经验，又结合这种古老的农业知识，创造了莫法特休息法。在他的办公室里，通常摆着三张桌子，每张桌子上安排着不同的工作任务：翻译圣经、创作论文、撰写侦探小说。当他做一件工作效率不高的时候，他立刻坐到另一张办公桌上，继续工作。如此分段工作，是让大脑的不同部位在工作和休息之间进行转换，这种交替进行工作的方法，不但使得工作更加专注，还能使时间高效。所以，我们在一天的工作

中，可以将需要不同脑力的任务交叉安排一下，做这件效率不高的时候，就换做下一件，这样你就不会因为疲倦而只想着休息，甚至耗时间等待下班了！

第三，精练简约。

有些工作需要精益求精，注重细节，有些却没必要。所以在处理工作的时候，要考虑这项任务的要求。需要粗线条的，就一笔带过，不要在一件意义不大的事情上浪费时间。比如汇报工作这样的事情，很多人为了表现自己，写了近万字的材料，然后修改错字，打印，装订，送到老板面前。老板根本没时间阅读，所以工作内容拣要紧的列出来即可。还有些人过分追求完美，在一件与全局影响不大的事情上，纠缠不休，结果浪费了很多时间。其实有的工作，就像机器内部的螺丝钉一样，没有它不行，但它是黑的白的、新的旧的要求不大，只要它在那里，够结实，能够起到固定机器零件的作用就行。所以，我们一定要避免在无谓的小事上浪费时间的做法，把你的时间花到更需要的地方去。

第四，学会授权。

有些工作你必须做，但有些工作你可以不做。那些事情可能是你的助理的职责，也可能是你的同事应

该为你分担的，你完全可以把这些事情交代给他们来完成。很多人什么事情都愿意亲力亲为，主要是因为对别人不信任，觉得别人没有自己做得好。如果你常常有这种想法，不妨试着先交代一些事情给别人做，看看结果如何。事实上，结果会彻底打消你的这种疑虑。当然，有些工作还需要你的指导，但指导一件事情一定会比你做完那件事情花费的时间少。适当地授权，可以为你节约大量的时间。

第七节

明确授权范围，
善用隐性授权

　　所有人都希望能在稳定的机构中，做没有风险的工作，还能一路升迁到权力核心的高位。希望是美好的，但这绝不是现代职场人士可以获得成功的策略。甚至可以说，一旦你死板地抱持这种愿望，你就等于失去了获得升迁的机会。

　　我们相信，能够胜任公司CEO的职场人士远远超过了现在CEO的数量，甚至一定会有很多人，或者可以这样说，一定会有底层员工，他可能比他的现任CEO更能管理好公司。然而，一些人手握更大的权力，管理别人，更多的人却没有权力，只能被管理，根本原因就在于他们没有担当CEO的机会。

　　然而这个机会，需要自己去争取。现代职场，绝对不能只有美好的愿望，那种天上掉馅饼的事情在其他领域可能发生，比如买彩票，你可能中小奖，也可能中大奖。但是在职场当中，如果没有给自己争取机会的行动，你永远也遇不到天上掉馅饼的好事。

　　"可是没有机会去做CEO，怎么知道自己可以胜任CEO呢？"这是人们普遍的担心，没有机会担当那个职位，怎么能知道自己胜任那个职位呢？没有权力去做那些事情，怎么能把那些事情做好呢？的确，没有经验，你就缺少机会拥有一份工作。然而因为这个道理，你就不去找一份工作来积攒经验吗？

　　就如我们无论如何要找一份工作，先来积攒工作经验一样，你无论如何要做一些事情，来展示你的才能；而做更多的事情，更难的事情，你展示才能的空间就会更宽广。

　　这需要你具备一种非常必要的能力——你能够明确你所获得的授权范围，也就是说，你首先应该清楚哪些工作是你必须做的，然后你还能扩大这个范围，善用隐性授权，做更多公司需要做的事。

　　当你能够把握更多暗示授权，在超出自己范围之外的领域中，为公司创造更多利益，那么你就获得了"不

139

在其位，却能谋其政"的机会。可想而知，当公司的那个位置上需要有人去胜任时，你就成了第一人选。

当然，运用隐性授权需要头脑。

分辨明确授权和隐性授权

不管是在政府机构，还是在私营企业，明确授权是最普遍也最容易识别的授权形式。你的工作内容是什么，什么事情是你必须做的，早在你入职的那一天，就已经有人通过口头或书面的形式向你传达得一清二楚了。然而当今职场，能够获得领导赏识、为公司创造更多的效益，已经不再是过去那种做好本职工作就可以的局面了，在做好本职工作之外，也就是说，在使用好你的明确授权之外，你必须懂得运用隐性授权，为公司做更多需要做的事情，这就需要你首先懂得哪些是隐性授权。

简单地说，"这些事情你可以做，因为有人告诉你可以做，"这是明确授权；"这些事情你可以做，因为没人说过你不能做，"这是隐性授权。为什么不说不能做，而不是直接说能做呢？在任何组织中，在任何关系中，都有一些问题，是不能直截了当地和对方沟通的，因为有些话一旦说出口，再要收回就会很

尴尬，尤其是那些话带来不良后果的时候。所以，很多时候，当对方不能肯定自己的决策是否正确时，他就会"不说不能做"；还有的时候，对方可能都没想到应该有那样的决策，所以，他也不会说不能做。总而言之，如果没有人明确反对，而你认为此事非做不可，你就可以认为你有权力去做了。

做需要做的事，就得学会分辨哪些是明确授权之外的隐性授权，而一旦你把握隐性授权，并且做出漂亮成绩，你的机会就到了！

丹尼斯·雷西被邀请担当某家租赁公司的副总裁时，公司让他负责的领域是公司财务。丹尼斯赴任不久，就发现这家公司其实有个很大的麻烦，如果不进行改革，公司就有倒闭的危险。认识到这一点后，丹尼斯没有死守自己的本职工作，而是积极投入到公司的运营工作当中，在不属于自己担当的运营管理工作中，解决了公司积弊已久的难题。最终因为他的贡献突出，他获得了首席运营官的职位。当他解决了公司运营的问题后，仍然没有固守本职工作，而是发挥自己的财务专长，对公司进行了资本重组，取得了更多的银行融资。公司董事会考察了他的业绩，决定擢升他为公司总裁。

对于别人不敢触及的难题，丹尼斯有勇气去克服，他深知，对于那些别人无法解决的难题，自己的越权，正是公司的需求。

就是这样，一直仰赖别人的授权，你能做的事情就会受限；一旦你懂得运用隐性授权，做出更多贡献，你可控制的权力就会越来越大。

当然，我们要谨记的一些问题是：你运用隐性授权的出发点，是为公司利益着想，而不是逞能，表现自我；当你运用隐性授权时，你不能损害别人的利益，老板、上司、同事，在公司里，你们的利益是一体的。

当他们不是真的反对时

如果你请某人吃饭，对方说"不了……"，你会真的"不"吗？不会。你懂得，对方不过是客气。

如果你询问某人他是否赞成某个提议，他说"不会……"，你会当真吗？不会，因为你知道他有不能明说的隐忧。

可是当你在公司正在进行一项工作，被上司说"不要……"时，你一定会当真。你想过没有，你当真并不是因为事情本身真的应该被否决，而是政治压

力——说出这句话的，是你的上司，当你听到"不"的时候，你首先想到的是，要对他服从，否则你会不好过。然而你想过没有，当你的上司说"不要……"时，其实他们也未必是真的反对——很多时候，对一些事务，管理者所知的详情远远少于工作的具体负责人，所以，当他们因为不了解事情的全局而不能肯定时，就只有否定了，因为否定对于他们个人来说是安全的。这个时候，你就要仔细分析对方说"不要……"的原因，当你明白他们其实不是真的反对时，你需要锲而不舍、勇往直前，继续你认为正确的事情，因为那是公司需要的。

迪克·梅斯勒曾任联邦快递中层经理，后来被分派负责行销工作，为公司制定战略营销计划。一天，迪克·梅斯勒发现一个很大的问题，联邦快递作为当时"次日上午送达"的创始者，它的声名和业务量都是行业第一，当时像UPS这样运送速度缓慢、价钱偏低的快递公司也有不少，但公司高层从来不把它们放在心上。但迪克·梅斯勒注意到，UPS开始追击联邦快递，低成本次日送达服务被提上日程，这个时候，如果联邦快递不采取措施，应对UPS的行动所造成的冲击

波，不但会被分割大部分业务量，甚至会丧失行业老大的尊位。面对这个形势，迪克·梅斯勒认为联邦快递必须推出同样低成本的次日下午送达服务，这样才能在成本较量上规避劣势。然而，当迪克·梅斯勒将这个提案送达公司高层时，那些骄傲自满的公司高层只是将他轰出了办公室。面对这样的压力，很多人可能会放弃，但迪克·梅斯勒没有，他坚信自己的预测和决定是正确的。于是，他再次拿着开发新业务的项目策划书，请求高层同意他拿三个市场做一个试验，如果不行，他就放弃这个计划。三个市场对联邦快递的整个业务范围来说，微乎其微，公司高层同意了。

结果，三个市场的试验大获成功。公司高层最终同意将次日下午送达服务全面推行。结果，次日下午送达服务为公司创造了几十亿美元的年收入，更为重要的是，他成功地阻止了一次竞争威胁。

因为这次突出的贡献，迪克·梅斯勒从中层管理进入高层管理，之后，他仍然兢兢业业，为联邦快递做出了不少卓越贡献。1995年，迪克·梅斯勒离开联邦快递，担任APL Logistics（美集物流）的CEO，这是一家外包物流连锁管理公司，年营业额高达10亿美元。

迪克·梅斯勒在他的提议第一次被否决时没有放弃，这对公司、对他个人来说，都是幸运的，而幸运显然是争取来的。

争取明确授权

因为各种各样的原因，比如越权会对别人造成威胁，没有明确授权不能获得同事的支持，在需要一些文件时必须是在明确授权范围内……这个时候，你必须将隐性授权转化为明确授权。也就是说，尽管你明白，你做某事，上司也不会说"不"，但为了使任务能顺利进行，你必须获得上司的明确授权。

获得明确授权的方法有以下几种：

第一，伸手去要。

如果你想得到某件东西，就开口去要。很多人会想，这多不好意思。可是你想过没有，权力这个东西对于你的老板来说并不是唯一的，而是可分配的，而且你拿来之后，会回报他因拥有这份权力得到的利益，这对他来说没有亏，反而是赢，你不必害怕被拒绝。所以，当你觉得某件事情有必要进行时，你就要开门见山地去跟老板争取明确的授权，大胆地争取获得权力的机会。

第二，展示能力。

为什么部门领导的职位空缺时，老板只找有成功经验的人员？为什么一个业务范围内的事情，常常只有从事这个业务的人们去完成呢？这都是因为这种做法最符合逻辑，也没有什么风险。这也是很多人觉得有能力去胜任更好的职位，有能力去做更多公司需要做的事时，却没有去做的原因，因为他们觉得没有权力那么做。的确，任何管理者都不会破格提拔生手。但这正说明了，很多人之所以没能负责更重要的职位，是因为他们还没展示出自己可以胜任的能力。因此，展示能力是获得明确授权的最佳途径。展示能力最好的方法，是从做和那个职位或任务相关联的工作开始，比如那个任务需要10个流程，你主动负责一个流程，比如那个职位需要10种能力，你就表现其中的一两种能力。当你能够完美地完成那个职位或任务的部分工作时，你获得明确授权的概率就会大大增加。

第三，拿出完备的解决方案。

在联邦快递迪克·梅斯勒的案例中，显然，想要开展次日下午送达服务的项目，必须得到明确授权，因此，迪克·梅斯勒走进了高层的办公室。然而，他得到了否定的答案。当然，如果迪克·梅斯勒私下去

进行这个项目，也没什么不可，毕竟，如何扩展业务也是他的本职工作，但这样做，显然有违公司的规定，并且可能会引起管理层级递进的混乱。所以，最好的办法还是获得明确授权。于是，当迪克·梅斯勒拿出完备的方案，并且将范围缩小到"只是做试验"时，他得到了明确授权。所以，当我们需要获得明确授权时，最好拿出完备的解决方案，并且这个方案不会给公司带来任何风险，或是风险降到最低。

克服阻挡你前进的恐惧心理

有一对夫妻，十几年省吃俭用，终于攒够了购买去澳大利亚下等舱的船票钱，于是他们带着孩子，打算去富足的澳大利亚赚钱。

为了节省开支，妻子早早就准备好了足够旅途所用的干粮，在船上，当人们前往豪华餐厅享用美食时，他们一家人则躲在船舱里啃干粮。孩子们哀求父母，说就去吃一顿，但父母坚决反对。其实谁不想吃到美食啊，哪怕是一顿像样的饭菜，也总比十几天都吃干粮要好很多，但是这对夫妻害怕花掉兜里的钱，害怕到了澳大利亚身无分文。

最后一天，他们的干粮已经吃完了，父亲为了不

让孩子们挨饿，祈求服务员能赏给他们一些剩饭。听完这位父亲的哀求，服务员吃惊地说："为什么不直接去餐厅用餐？"那位父亲说："我们没有多余的钱。"服务员不解地说："可持有船票的客人都可以免费享用餐厅所有食物啊！"

因为害怕失去兜里哪怕一顿饭的钞票，他们错过了整个旅途的美食！

在我们的工作中，也存在很多这样的"啃干粮"员工，他们讨厌风险，喜欢墨守成规，做任何事情宁愿因循守旧，也不愿意冒一点风险，哪怕明知道冒险得到的结果会比现在强很多。

存在这样的现象，主要来自两个心理原因：第一个，你叫我做什么，我就做什么，做错了，不是我的责任，是你的责任。这样的职员，好像是能把领导交代的事情做好，但完全不具主动性，也特别不愿意承担任何风险，看似听话，实际不负责任，公司不需要这样的职员，他们连被公司培训和培养的资格都不具备。

第二个，他们也想为公司做事，也有一腔热情，但是内心当中总是充满这样那样的恐惧，害怕犯错，害怕挫折，害怕失败，我们有必要对这些员工加以引

导，让他们克服这些顾虑，为了公司，也为了自己，向前迈进！

"不好做，可能犯错，会被解雇"

在公司里，有些事情，可能只需要一个好点子，问题就能迎刃而解。（当然，好点子一定是来自扎实的基本功，来自将工作内容放在心上，来自对问题苦思冥想。）

但很多事情，是需要我们去一点点努力，一点点行动，一点点争取的。然而，正因为不好做，才需要我们去尝试着做，坚持着做。如果好做，别人早就做了。还有，我们曾多次强调过，难题都是为选拔人才准备的。所以，你应该不甘平庸，有勇气挑战自我，突显自我。

正因为难，你才更要克服恐惧难题的心理障碍，才更要倾注全部心力，才更要认真、细致，更具耐心和耐力，尽可能不出差错，一点点证明自己。如果出现偏差，不可气馁，立刻重新调整思路，调动各种原理、证据，锲而不舍，推动问题向你所希望的结果前进，直到你得到满意的答案。

在考场上，我们不可能拿着题目去请教监考老师

思路是否正确。但在职场上，在必要的情况下，你完全可以将你正在进行的问题拿出来和你的上司讨论。讨论之前，你必须想好，有哪些信息是你必须要交代给领导的，你想要在什么地方得到他的解惑和支持。也就是说，当你寻求上司的支持时，你的思路必须是清晰的，否则上司的思路就会不清晰，那样，效果可能会适得其反。

做任何事情，都有可能不那么一帆风顺。做证明题，可能在中间用错公式；处理问题，可能调动了起反作用的资源。总之，错误是有可能出现的。

很多人一看出错，就害怕了，就退缩了，不敢再继续了。这是很可惜的。

在电影《霍顿奇遇记》中，大象霍顿好不容易爬过了吊桥，两手抓着悬挂吊桥的柱子，就要爬上对岸了。可是，柱子却向他以及他身下的万丈悬崖歪斜了过去。

可能很多小朋友在看到这个情景时，会吓得闭上了眼睛。

我们也会想到，胆小的人在遇到这样的情景时，可能会吓得自己撒开双手，跌入谷底。

然而柱子倾斜就一定会摔落吗？

不会，柱子只是倾斜了而已！大象在恐惧的叫声之后，发现自己的双手还是牢牢抓着柱子，而柱子还是牢牢地杵在岸边。他立即跳到岸上！

在我们工作中，很多人一出错，立刻就害怕起来，尤其是在关键时刻出了错，就更加恐惧了！一些负面的声音像张着两只利爪的老鹰一样开始盘旋在他们的大脑，"做错了，可能会被领导批评""闹不好还会被解雇，那样就得不偿失了""为了公司，失去工作，不值得，算了吧！"

因为害怕，所以放弃！

表面上看，你避免了被批评的不幸，避免了被解雇的厄运，实际上，你也避开了自己成长的绝佳机会。

当你因害怕而拒绝去完成一件事情的时候，你就会因害怕而拒绝去完成更多的事情。你会习惯于躲在安全的港湾里，习惯领导指一下，动一下，于是，你仅仅是在前进中害怕犯错的第二种心理恐惧，渐变成了第一种心理恐惧，你也成了那种对公司不负责任、敷衍了事的人，你不知道，当你成为这类型的员工时，你真正的厄运才来临了——我们说过，公司不需要这样连培养的资格都不具备的员工。

因此，如果不想让你的领导对你的工作表现不满意，那就鼓起你的勇气吧！其实只要你是为公司着想，是为了做公司需要做的事，被上司误解的可能性极小，人哪有不犯错的，我们都是在犯错中积累经验，获取成功的。只要你的初衷是好的，出发点是好的，即使犯了错，你也会被理解的。

更重要的是，你得尽量避免犯错，不要犯不该犯的错。避免不了的错误，也要学会从错误中学习，继续前进。

如果你最终获得了成功，那么，犯一点错，那又算得了什么呢？领导不会开除你，反而会重用你！

"无权做，没有后援，缺少技能"

在处理一些复杂情况的时候，你总是觉得缺少权力。其实你缺少的不是权力，而是勇气。因为你害怕触犯权力，会给自己带来不利。尊重权力，尊重拥有权力的人向你发号施令，完成任务，这是可贵的品质。但是盲目地遵从权力，没有权力就拒绝积极主动处理工作，这是错误的。

在现代职场中，包括上司在内，面对越来越复杂的形势，其实大家都不会拥有充分的权力，因为改进

工作所需要进行的举措，是根据具体情况不断变化的，只有具体承担这项工作的人，才知道怎么去应对，而领导们不可能针对所有的具体工作——赋予大家权力。

当然，权力不是无限度的。毕竟越权和不能服众会给你的职业带来麻烦。那么我们该如何面对权力呢？我们可以用另外一个词来代替权力，那就是权威。

权力需要某种政治层次上的赋予，但权威完全可以凭借自己的能力争取。当你为了追求公司的最大利益付出努力时，当你的努力取得成功时，当你所做的事情总是得到领导的认可，同事们的赞许，你就拥有了一定的权威。

权威需要一点点去积累，它必须建立在你有勇气去自我决断，去独立完成复杂情况的基础之上。当你不断地去自我决断，不断地为公司做需要做的事时，你就不断地获得了权威。当你能够运用权威来为公司追求更大的利益时，你也就获得了更大的自主余地，更多的发挥创造力的空间。

你可以在不同的层次运用权威，当然由此需要承担的风险也会逐级增加，但你能为公司做的事就会越多，你的举措获得批准或完成之后得到认可的概率也

会越高。

当然，为了避免越俎代庖的嫌疑，在必要的情况下，你可以预先请求上司的许可。有时候，你可能来不及请示，但可以在事情完成之后及时汇报。如果连及时汇报也做不到，就发送一份邮件到你上司的邮箱里，你有诚意让上司知道你并不是越权，而仅仅是想为公司做事，这是很重要的。毕竟，没有谁喜欢那种感觉自己好像是被蒙在鼓里一样的感觉。让上司能够了解情况，这是对权力的尊重，尽管你运用自己的权威部分地使用了他的权力。

没有人会在别人还没做任何事的时候，就给予支持，只有在他了解了你要做什么、怎么做、结果会如何的情况下，并且在需要他的支持的情况下，他才会考虑是否给予援助。

所以，在情况更为复杂的情况下，你要想从上司那里获得一定的权力和援助，就得不断地和上司沟通。

你得先了解和他人沟通的方式，怎么才会让他的状态最好，更容易理解你的想法。你还得知道，一旦他反对你的想法，理由是什么？是你以前做了让他不满意的事情吗？或者他在别的方面有所顾虑，比如一旦事情没能像预想的那么发展，他害怕他的上司的追

究？很多时候，支援和反对都是有理由的，你必须去了解，去化解。如果上司支援你，那么你该有怎样的表现，让他觉得他的支援没有白白浪费；如果他反对你呢？你要学会理解他的苦衷，职场当中任何事情都有千丝万缕的联系，你需要了解这件事情不能去进行的根源是什么？或许你能找到解决的方法。

总之，在寻求上司的支援方面，我们在得到援助时，不能单纯地以为上司就是喜欢你这个人，不管你做什么事，都会给予支持，实际上，他只是想让你做出成绩来，你能创造业绩，也是他的业绩。

当上司不能给你支持时，你也不能一味地埋怨和沮丧，如果你认为事情真的有必要进行，你必须鼓起勇气，再去沟通，再去了解，是什么让你的上司不能点头。

有些员工可能意识不到，他们的新点子没能被上司接受，是因为他们先前曾有过失败的表现。人们总是拿以前的事情来评判现在的能力，这是正常的。那么，与其沮丧、埋怨，不如从现在起，做一些让你的上司满意的事情，以此努力重获上司对你的信心。

你知道你的工作技能从哪里来吗？

不是你从学校的课本上学习得到的，也不是你在

短短的实习期获取的，而是你在漫长的工作经历中不断增长和完善的。

而你获取最好的工作技能的地方，就在你目前所负责的工作岗位上，在你的本职工作中。在这里，你可以获得专业能力、人际关系、团队沟通能力甚至是管理能力。你只有不断地工作，不断地去面对新的状况，不断地去开创新的领域，你的技能才会不断地提高。

当然，你还可以通过另外的一种方式，这可能是捷径，但必须从具体工作的领域出发。那就是，结合你的具体的工作状况，你可以自动自发地去学习别人在工作领域中早已总结出来的经验和技能——这可以通过交流和阅读去完成。条件允许有机会的情况下，多向你的上司、你的同事、办公室中的老前辈，请教工作中的问题，这是最直接有效的方法。你更方便的，是通过阅读书本上的知识，那些专业书、职场励志图书，都是别人通过文字在向你传达他们的技能，如果你愿意接受他们的建议和方法、专业知识，你就能更容易地让自己不断成长。

所以不要害怕缺少技能，技能就在那里，在你的工作中，在别人的头脑里，在书本上，你害怕，是因为你已经被你的惰性打倒了，当你不再害怕的时候，你就会

意识到你应该通过各种各样的途径去获取技能。

注意在工作中总结经验，注意通过和别人沟通增加自己的技能，注意通过和具体工作相关联的图书搜索技能，你的技能就会飞跃成长，你就会发现自己越来越可以轻松地驾驭自己的工作。

"失败过，有人阻挠，没法主动"

毋庸置疑，谁都不想失败。失败就意味着没能成功，意味着被人嘲笑、批评。然而，不论在生活中，还是在工作中，我们又无法避免失败。可以说，失败无处不在，无时不有。比方说没赶上头班公交车，这也是失败。如果你害怕失败，你就会寸步难行。

当然，这么说，我们并不是说允许失败，而仅仅是允许有失败的现象存在。对待失败，任何时候，我们的正确态度都应该是：勇往直前，不怕失败；失败之后，及时从失败中汲取经验教训，以便能做更多正确的事。爱迪生发明灯泡，就是在无数次的失败之后。至少，他可以知道，那几千种材料是不可以做灯丝的。

失败了，继续前进，并不算失败，放弃才是彻底的失败。

一个人能否成功，不光要看他创造了什么业绩；

还要看他如何面对失败，如何从失败中学习，如何从失败中寻找新的机会。

如果没能按预先设想的那样达到成功，就要反过来思考：什么地方还做得不到位？还缺少哪些信息？下次应该用什么不同的方案？我是不是该寻求专业人士的支持？或许我应该搜集更多的素材？找出失败的原因，寻找成功的新途径，失败就会成为你走向成功的垫脚石。

你也可以寻求同事们的帮助，虚心听取他们的反馈意见和建议。俗话说，当局者迷，旁观者清，在你自认为只有你掌握了这个项目的所有细节时，很可能，你遗漏了一个最重要的环节，而别人却看得清清楚楚。所以，工作中最要不得的，就是那种"这个只有我才懂"的夜郎自大心理。清洁工都可以想到在楼房外面装电梯的方法，何况是你的同事。或许，他们能帮你打开思路。

任何类型的主动进取都包含了一定程度的风险，都有可能遭遇失败。然而只有不放弃，继续坚持，不断前进，你才能紧紧抓住探索新知识、开发创造力的机会，也才能为公司做一些别人做不了而公司需要做的事。

你的构想遭到其他人的阻挠，这可能存在三个方面的原因：

第一，你的构想只有你最清楚，其他人在不了解你的构想的前提下，存在误解，害怕给公司造成不利影响，加以阻挠，这是正常的。

第二，他们的观点和你存在差异，认为你的想法是错误的。

第三，你即将做的事情，可能对他们个人的利益存在一定的威胁。

针对这三种情况，你应该做出以下三种具体举措：

第一种，耐心和他人沟通，尤其是你的上司和对你即将进行的工作起关键作用的同事们，让他们有机会尽可能全面地了解你的构想，和你达成共识，并最终支持你的构想。这是很重要的。

任何员工，在公司里做任何事，如果有团队的支持，他就可以节约大部分的时间和精力，因此，能得到上司和同事们的支持，这很重要；除非你实在无法得到他们的支持，最后再选择独自完成。

第二种，如果观点存在差异，先考虑对方的合理性。如果你的确有客观的理由（资料、数据、推测）可

以击败他们的观点，你就要继续坚持你的观点。腾讯QQ在推广的时候，绝大部分网络公司都认为他的用户是一堆小孩子，不值钱。但马化腾坚持自己的观点，到后来，当QQ用户远远超过了MSN时，它无比值钱了。这就是坚持自己的观点并为之努力的最好证明。

第三种，如果你即将做的事情，对他人的个人利益存在威胁，那么你一定要学会稍作让步。的确，公司里会存在一些人，他们不想让别人比自己强，不想让你更被老板看中，因此，你的构想越是高明，他们越是害怕，越会说尽风凉话，反对你推进构想。

有人反对并不可怕，可怕的是在事情的进行中会有人破坏。

面对这种情况，你的最好的办法，不是和别人死磕，而是稍作让步。让步的方式有很多，其中最好的办法是让他加入到你的阵营当中来，当你在事情取得良好结果时，让"你的敌人"部分地也得到上司的赞赏，那么，他就不会阻挠你的计划了。

不要害怕他会对你的功劳取而代之，真的假不了，假的真不了，没有人是会被轻易愚弄的，何况是在职场已经有多年管理经验的你的上司呢！

当然，你不要动辄就对别人的反对和批评抱怀疑

和反感态度，不要轻易将反对的声音划入第三个阵营。很多人的批评其实是出于善意的，你要学会接受他们的批评，从他们那里获取能够补充你的构想更加完美推进的建议，以避免犯错。

这世上没有不需要主动性的工作。

那种每天但求无过、苟且度日的消极心态，那种只想等老板吩咐、老板不说就不动，老板说了才动一下的工作方式，是老板最为讨厌的员工，因为他们不能替老板分忧，而且连老板吩咐的事情也做不好，因为做哪怕最简单的一件事情，在做事情的过程中，也需要主动性，需要思考，需要改进，需要采用更好的方法，需要更有效率，结果更完美。

因此，无论你从事任何职业，从事任何工作，你都要善于发挥主动性，替老板思考一些事，承担一些责任，做一些公司需要做的事。

当然，主动，绝对不是只在领导眼皮子底下主动。领导在，就积极做事；领导不在，就消极怠工。这样的工作方式，比那些只知道等领导吩咐的人更令人反感，因为有欺骗的成分在。

真正的主动，不是做给别人看，而是做给自己看。把事情做得更好，不是别人要求的，也不是别人

要看的，而应该是自己给自己设定的标准。只有自己想攀上成功的阶梯，你才能不害怕失败，不畏惧难题，才能一心一意，只想把工作做到位。你也才能更具备挑战高难度工作的能力。

只有发挥主动性，你才能发现更多公司需要做的事，而公司需要的，正是这种能够发现公司有很多事情需要做的员工。

第三章

善始善终 把需要做的事做好

第一节
做好周全的准备

　　无论有什么好主意，如果不经过精心准备，就算转变成具体的行动，效果也不会很理想。

　　准备的范围可以是相当广泛的，譬如深入了解你所从事的行业或公司的另一项业务，搜寻可以帮助你更好地改进工作方法的讯息，或者学习和你正在进行的工作有关联的专业知识。

　　准备也可以是相当具体的，比如进行成本—效益分析，或者为了向你的领导展示你的新点子要做一份非常完善的幻灯片。

　　某时装公司要开秋季时装秀，地点在哪里，如何才能出新意，是策划部要考虑的问题。林霞想到了一

个好点子，年年都是租用电视台的摄影棚，今年不如把场所搬到户外公园里，图个新意。于是，她立刻到策划部总监说出自己的想法，经理说这个主意很好，值得考虑。林霞很高兴地回到自己的办公室，心里想，点子是我想出来的，到时候一定会让我担任时装秀现场总指挥。

可是过了几天后，总监告诉她，刘美玲任总指挥，她来做副手。原来，刘美玲也提出同样的点子，但和林霞不同的是，人家不但提出了好点子，还写了一份长达10页的策划书，论证了这个点子的各项好处，甚至还有应对活动当天可能出现的坏天气的方案。

所以，一旦你有了一个改进工作的想法，你就必须先做一些为了让别人信服你的方法或让你的方法能够付诸实施的准备工作。具体可以表现为多种形式，比如和你信得过的同事一起讨论你的想法，为了让想法更为合理搜集相关的数据，研究可能遇到的问题，甚至了解公司内外的其他人如何处理类似的情况。

你对自己的新点子考虑得越是透彻周到，所做的准备工作越全面完善，对你的新点子可能带来的优势和弊端论证得越清晰，对成本收益、实施步骤斟酌得

越周密充分，你的想法就越有可能顺利转化为实际行动并大获成功。

那么具体来说，如何做准备，从哪几个方面着手呢？

首先搞清楚你还不清楚的东西

当我们想到一个好主意时，我们往往很兴奋，也很冲动，恨不得立刻昭告天下，"看，我多聪明，这么好的主意，被我想到了"，高兴是很正常的，任何级别的职场人在想到改进工作的好主意时都会亢奋，人的本性就是自我欣赏，并希望得到别人的称赞、认可和尊敬，想要让别人认定我们具备高超的洞察力和非凡的思考力。

但是成熟的职场人员，在亢奋的时候，还会保持自己的明智，不是立刻去找上司报告自己的想法，也不是立刻安排下属去按照自己的想法实施，而是先弄清楚在这个想法的背后，还有什么东西是连自己还没搞清楚的。先集中注意力弄懂自己不了解的地方，然后才能成功地说服别人接受你的想法。

当你已经很了解自己的想法，也知道该准备什么条件来说服别人时，你还不能忘记做的一件工作就

是，什么是你知道的，别人却不知道的。你要搞清楚别人可能想从你这里了解些什么，要尽可能降低别人和你沟通时可能存在的误解。

在了解现状背后原因的过程中，你所获得的对现状的理解和认识，将有助于你预测到改变现状可能遭遇什么反对和抵制。

某出版社编辑部的尤勇，工作快一年了，他策划了一套文学书系，他很想让自己策划的书在市场上有好的销量，连日来为此苦思冥想。这一天，他想到了一个好主意，他向编辑部主任提出，能不能找一些著名书评人，在几家重要的报纸上发表书评，以此带动销量，主任说可以。

尤勇立刻着手就干，三周后，各家报纸都发表了书评文章，发行部反馈各书店请求调货的电话不断打来。

可正在尤勇高兴之际，总编室打来电话，责问主任怎么一回事儿，由总编室负责的宣传图书的工作为什么现在被一名编辑接替？

主任责问尤勇，说：宣传工作可以做，也要与总编室一起策划，怎么可以单独行动呢？这套书的宣传工作就到此为止吧！

看来，当你想要寻求变化时，首先要从那些和目前的运作方式有利害关系的人入手，了解你的想法如果实施的话，会对他们造成什么影响；如果你认真征求了他们对改进工作流程的看法、吸收了他们的反馈意见，你获得他们的支持的可能性就会大大增加，你的努力就更容易开花结果。

与他人面谈，向同事请教，询问客户，仔细了解流程、步骤及其来龙去脉，直到你对现状背后的原因豁然开朗，了如指掌。

在这个过程中，你将亲耳听到、亲眼目睹究竟你的想法能不能落实，想法背后到底有多少事情是需要改变的，可以改变的，并获得机会与那些同最终结果关系特别大的人一起检验你的想法。

收集资料，验证想法

就算你的想法获得上司支持，是否这个想法在落实到位以后就会带来好的效果，你还是要靠自己的努力去把关。因为在这个过程中，你的上司其实在后方，只有你站在工作任务的前线。这场战争能否取胜，起主导作用的，是你的想法。所以，在你获得上司或相关部门的支持以后，你还不要急着去落实你的

想法，而是要更为细致地收集数据，并尽可能地进行一些研究和测试，来验证你的想法。比如你的工作流程中是否包含某个完全可以省略的步骤？当你免费赠送一小部分试用品后，到底客户对购买更多产品的欲望增长了多少？当你拒绝了客户的一个要求后，公司会为此付出多大的代价？

随着生活水平的提高，人们把喝牛奶当成了日常需要。因此，京城奶业竞争也越来越激烈。如何在竞争中取胜，是某奶业公司最为头疼的问题。

一个市场销售员向他的直接上司提出了自己的想法，我们是在中国最大的都市，人口最多，没必要去和地方奶业抢夺地方市场，我们应该利用地利优势，提供送奶上门服务，在我们的地盘上占据最大份额。他说他愿意先做个试验，调查一下客户对送奶上门服务的热情度有多高。

结果客户的反映很好，一方面，送奶服务为他们提供了便利，不用再出去买牛奶；另一方面，这也很好地提醒了他们每天都要喝牛奶。不少客户还提出反馈意见，如果牛奶能像每天吃早点喝到的豆浆一样，再新鲜一点就好了。这名市场销售员立刻将客户对送奶的反映

和建议报告给他的上司，并和他的上司一起将这一创意写成书面材料，交由公司做最终决定。而公司最终采纳了这一建议，并进一步完善了送奶上门的服务体系，送新鲜的牛奶上门，这绝对比那些远途而来放到市场去等待销售加了防腐剂的牛奶要更具卖点。

如今，这家送新鲜牛奶上门的公司已经在奶业中占据了重要地位。当然，那名市场销售员的功劳不可磨灭，他的名字被记入了企业发展史。

完备可靠的数据是全面改进工作的坚实基础。通过收集资料，部分地测试你的想法，验证你的想法是否能够得到良好的效果，并由此判断什么时候提出你的想法，才会有意义。而且，你的第一手资料是你的想法能够成功的最好案例，也会成为你说服别人最好的证据。

系统地收集你的资料，验证你的想法，主要包括几个方面：这个想法到底会给公司带来多少效益？它是否还有不利影响，程度有多大？想法实施的时候，实际结果会和设想有多大的偏差？有没有什么特殊的要求，能够满足吗？会影响到公司其他人的利益吗，如何平衡，或拿什么抵消？可能会出现怎样的阻力，

你有什么应对方案？

考虑得越充分，收集到的资料越完备，你的想法能够落实的可能性才越大。

设计最佳方案

所谓最佳方案，包括两重意义：一种是在进行多种多样的选择之后，找到一条最符合特定情境的行动路线；另一条就是，不管事态发生什么样的变化，你都有第二套备用方案。

第一种方案的意义就在于，你会立刻中标，将想法顺利地变成行动。

曾经有一个美国老太太，年纪大了，又是孤寡一个人，没有收入，也没办法照顾自己，她就想把自己的房子卖掉，然后进养老院度过余生。很多人来看房，房子又大又结实，但老太太还没下定决心。

后来来了一个年轻人，他说他只想付1美元给老太太，但他愿意让老太太和他一起住，并负责照顾她，让她安享晚年。

最终他们顺利地签订了房屋移交手续。

　　这就是最佳方案，在得到自己想要的利益前，还要照顾到对方的利益。在公司中也是如此，做任何事情，都要考虑周全，只顾一头，不顾其他，你的想法对你再有好处，最终会遭到失败。

　　弗兰西是德国某著名影视策划公司的总监，当他们公司与宝莱坞电影摄制组合作时，对方要求找一个可以让电影拍摄背景更为适合的地方。弗兰西先找了一个地方，但对方的大牌明星阿米尔却并不满意。弗兰西以为这个地方足够美丽，所以她并没有准备第二套方案，但对方说不行，"总觉得缺点儿什么"。

　　如果不能为对方提供合适的拍摄基地，这次非常难得的合作机会就要溜走。好在弗兰西急中生智，说有一个地方，那里只有一家家庭旅馆，原生态，民风淳朴，风景自然，应该是宝莱坞剧组喜欢的地方。其实，那是她的家乡。结果对方看了她随身携带的照片后，颇为满意。

　　所以最佳的方案还有另外一重意思，就是当你的一个方案不能得到施行时，你要立刻拿出备选方案，否则你的想法就会彻底被否决。

在你有了不错的方案之后，不要就此止步，还要不停地留心新的可能性和组合方案，考虑可以达到同一个目标的不同方式。很多事情都是这样，你最好的方案，一定是在你尽可能多的方案中千挑万选出来的，所以不到提交方案的时候，你都不要停止你的思考，不要停止你寻找更好方案的渴望。

你还应该让其他人参与到你的构想中来，在赢得他们的赞同和理解的同时，请他们一起和你发动头脑风暴，共同开动脑筋，让思想的火花相互撞击，探索各种可能的方案，考虑各种可能出现的意外，完善各个细节，挑选最佳解决方案。

避免一切可能出现的错误

任何事情，有可能出错的地方，就一定会出错。

问题就在于，一个小的环节出错，哪怕是微不足道，它也会影响到其他环节，甚至是事情的全局。别忘了，万事万物都有着某种联系。

我们可能听过这样一则寓言故事。当老鼠告诉猪、鸡、牛各位邻居，主人在粮仓里放了一只老鼠夹时，大家都毫不在意地说，"和我有什么关系呢？"结果老鼠夹夹到了蛇，蛇咬了女主人，男主人杀了鸡给女主人补

身子，又宰了猪招待去医院看望女主人的亲朋，看病花了不少钱，男主人只好卖了牛偿还欠债。

这样的关联也已被科学家验证，某个地区的一次蝴蝶的翩跹起舞，可能会导致离这个地区十万八千里的另外一个地区的狂风暴雨，这就是蝴蝶效应。

所以，即使你只是走错了房间，记错了某个客户的电话号码，设备的某个螺丝钉松了，就差了五分钟出门，你正在进行的一件事可能也会一败涂地。

某医学院校，几位教授共同新研发了一种药物，在进行最后一次人体试验时，助教抄错了一种成分的剂量，当操作员拿到新的单子时，感觉和上次的剂量有所不同，他本来想问一下助教，那种成分的剂量到底是多少，但他又想，助教不可能在这种问题上出错，于是，他将药物注入试验对象。

结果，这次试验表明，该药物对人体没有明显效果。拿到结果的研发部又开始了新的一轮试验和研究，以求找到最好的配方。

三个月后，当学校大量的经费被消耗，当几位教授大量的时间被耗费后，他们得到了和上次一样的配方单。最终，他们发现，是助教抄错了配方单，而操

作员也没有上报其中的错误。

如果你有一个构想要提交给领导，那你就一定要将构想中所有的细节，每个步骤，和事情有所关联的环节，都考虑得清清楚楚，避免出现差错，并要提前做好如果出现差错如何应对的准备。

在事情快要实施的时候，你需要认真地思考和预测可能存在的问题和阻力。你的思考越是周到，你就能越清楚地知道，自己还应该做些什么来促成事情的完美完成。如果你在事情进行时遇到了阻碍，那只能说明你之前的工作还没有做到位。

在事情进行的过程中，有任何和原来不相符的问题出现，一定要停下来，找到解决问题的准确答案之后，再继续。哪怕这个问题微不足道，也不要让它溜走。想想看，如果你出门时，觉得自己忘了拿一件东西，而你回头想，觉得什么也没有落下，其实你一定落下了东西，只是你没有认真去想。同理，我们最应该注意的，是那些从脑际一划而过的事情，往往那些被我们的直觉意识到，却又让我们所谓的理智忽略的问题，会影响事情的全局。

在事情接近尾声时，别光顾着迎接成果，你还需

要回过头来向后看，思考有什么问题是被你落掉的，还需要追加哪些环节。

获得别人的支持

可能我们已经意识到了，很多时候，就算我们的想法再好，也不会引起别人的注意，你的同事可能还会对你的想法嗤之以鼻，你的上司也有可能只是说"不错，好，我考虑考虑"。要想让一个好的想法变成行动，你必须获得别人的支持。

因此，当你有一个好的想法时，千万不要以为自己了不起，当你脱离团队想要在集体当中鹤立鸡群时，你别忘了，此时此刻，你已经势单力薄。正确的做法是，越有好的想法，越应该融入团队，征询同事的意见，想办法说服别人，获得大家的支持。当你的想法被更多人赞同和支持后，随之而来的，是更多人对这个想法的补充和完善。在这样的基础上，你再拿出来交由领导评判这个想法是否能在公司推行，才是最成熟的时机。大家都认为不错，领导就会慎重考虑。

在腾讯QQ还没成为人们必要的通讯工具之前，很多公司的领导很排斥大家使用QQ和外界联络，所

以，公司网管被责令，监管工作人员的网络，不允许安装QQ。

但是在网络公司，大家非常有必要使用这种直接交流的方式，这对工作来说有很大的便利性。

史雄想到了一个好主意，为什么不安装一个只限于内部交流的聊天软件呢？这样可以方便工作，毕竟总是用邮件来接收文件比聊天软件的直接传输要烦琐一些，而每天大家要相互接收无数的工作邮件。可是，当他把这个想法向领导汇报以后，领导很冷淡地回答了一句"聊天软件一概不能装"。

经过思考之后，史雄想到了一个很好的办法，他让自己所在的新闻部的每一位同事统计一下每天要收发的邮件数量，并且征询他们如果安装内部聊天软件，传输文件，是否会比现在更方便。大家当然一致赞同，收发邮件浪费时间，每天早晨要用2个小时的时间，将新闻页面全部完善，一分一秒都很重要啊！

史雄将包含有新闻部员工建议和统计数字的报告递交给领导，领导才开始慎重考虑安装内部聊天软件这件事，并最终点头同意了。

经常地思考一下，看看自己周围，还有什么事情

是需要做的。当有一件事情的确有必要改进时，不要冒失地立刻就去找领导"谈判"，要先征询一下同事们的意见，看看他们有什么能帮助你的地方，当然，如果他们对你的构想提出了关键性的建议，你不要忘了真诚地感谢你的同事。你最好的感谢，是在他们需要你的时候，伸出你的援助之手。

　　同事之间有竞争的因素存在，但更多的是合作。你们就像是一起战斗在前线的士兵一样，你的枪法再准，也需要有伙伴为你分散火力。所以，在为自己争取积极进取的好名声时，别忘了，你的同事可以帮助你完善你工作中不了解的部分、想不到的部分、疏漏的部分。一个好的构想，一定会被同事们接受、推崇并愿意让它更为完善。团结他们，让他们也参与到你的构想中来，才是一个目光长远、能成大事的人。

第二节
付诸行动，并对过程负责

　　有个落魄的中年人每隔三两天就到教堂祈祷，而且他的祷告词几乎每次都相同。"上帝啊，请念在我多年来敬畏您的份上，让我中一次彩票吧！"几天后，他又垂头丧气地回到教堂，同样跪着祈祷："上帝啊，为何不让我中彩票？我愿意更谦卑地来服侍您，求您让我中一次彩票吧！"又过了几天，他再次出现在教堂，同样重复他的祈祷。如此周而复始，不间断地祈求着。

　　终于有一次，他跪拜道："我的上帝，为何您不垂听我的祈求？让我中彩票吧！只要一次，让我解决所有困难，我愿终身奉献，专心侍奉您……"就在这时，圣坛上空传来宏伟庄严的声音："我一直垂听你的祷告。可是，最起码，你老兄也该先去买一张彩票吧！"

现在你明白了吧？很多人工作中没成绩，不是他们不想，而是他们不行动。思考上的巨人，行动中的矮子。想法很多，行动很少。不管上帝是否垂青于你，至少你该行动起来，去买一注彩票啊！

我们的工作中，那些不断上位的人，正是不停地行动的人。他们一旦有好的想法，就会立刻行动起来，完善和检验想法，并最终得出结果，为公司的利益做一些事情，同时也让领导看到他们拥有更好地为公司服务的能力。

思考得再完美，准备工作做得再周全，如果没有采取行动，就没有任何意义。因此，一旦有改进工作的想法，就要立刻行动起来，因为有行动，才会有进展，才会有你想要的结果。

每个人都有自己的任务，领导每天要处理的事情很多，同事们可能只盼望着周五的到来，那么你的构想，就只有你自己去完成了。等待别人替你完成，会埋没你的创造性；而不亲自把完美的构想变成现实，你就等于亲自埋没了自己的才能。

因此，你必须主动扮演推动自己创意的角色，通过具体的行动努力让你的构想转变成现实。可能你会遇到障碍，比如同事们的冷嘲热讽，直接上司的摇头否决，

181

但如果你的动机是好的，确实是为了公司的利益，而不是为了自己出风头，你还可以越级报告。

即使行动没有收到预期的效果，也不要气馁。只要你愿意从失败的经历中总结经验教训，你就会有更大的能力做好公司需要你做的更多事情。

积极参与公司事务，大胆说出自己的想法

几乎所有的公司，都会定期举行例会。全体职员，围坐在会议室，领导讲话，总结以往的工作，安排以后的事务，也会谈到工作过程中的一些问题。公司为什么举行例会？因为有必要。但我们常常看到这样的情形，领导在上面讲得口干舌燥，员工们在下面听得云山雾罩。不是讲的不好，是听的不用心。

在我们的职员当中，普遍存在着这样的问题，平常做其他的工作还有点积极性，一说要开会，个个走起路来都疲疲沓沓。可以说，开会在大家的印象中，就好像一个对足球毫无兴趣却不得不陪同哥们儿看球的经验一样，沉闷至极！

为什么会有这样的状况？原因就在于我们没有参与到其中，因此没有兴趣。会议讲的是公司的事儿，是大家的事儿，好像就和你无关！所以，不得不听，

那就应付了事，有的人，甚至能在例会上打瞌睡。

殊不知，公司例会，其实是你最重要的展示自我的机会。你入职以来一直期望的升迁、加薪、获得尊重，其实就在会议中，然而你却在厌烦、沉闷和瞌睡中让它们溜之大吉。

这是多么荒谬的做法！又是多么遗憾的现象！

史志英是某房产中介的业务代表，他的业绩做得还不错，每个月的租房成交量都比同事们高出几套。那些天，他突然很发愁，因为公司为了改善例会的沉闷状态，要求每周一例会上，所有业务代表都要在会议上发言10到20分钟。他不知道自己该讲些什么？每次公司开例会的时候，他都在琢磨今天自己怎么开展业务的问题。

已经在进行例会了，史志英还没想好要说什么。最终，当有些同事以"还没想好"为借口躲过一劫，或有些同事说了一些成交过程中的故事之后，轮到史志英了。他鼓起勇气，说出了自己的想法：我想就例会发言说说我的看法。我觉得，例会发言既然是为了打破以前那种形式主义，想要搞活气氛，鼓舞大家积极工作，就不能把例会发言弄得这么形式主义，让那

些本来没什么可讲的人，都愁眉苦脸地杵在这里。我的讲话完了。

这些话提醒了公司领导，后来他们改成谁在例会上积极发言，并被同事们认为对改进工作有益，就给谁加分，月底为得分最高的发言者增发奖金。果然，在这样的例会之下，很多人和大家分享了自己成交过程中的成功经验，公司大大提高了成交量。

史志英因为及时提出了重要建议，被领导赏识，也被多拿了奖金的同事们称赞。

既然已经坐到会议室当中来，就不要只做一个无聊的听众。我们知道，任何运动会，都是运动员最为快乐，因为他们身在其中，参与到其中，快乐和苦恼在其中。只有参与，才有兴趣；只有参与，才能当主角；只有参与，才能拿奖杯。在公司也是如此，如果你有什么主意、看法或问题，就要大胆地说出来，公司需要你的参与，需要你的创意、需要你对公司事务的兴趣。

坐等别人了解你的想法，那是和守株待兔一样的愚蠢。只有主动出击，让别人了解你的想法，帮别人修正观点，善于向领导提问，积极投入会议，会议才有价值，而你才能从会议中获益。

机会是在难度较高的工作中

在公司里，大家都能做的工作，不会显示出你的能力来。只有大家不能做的工作，而你能做，并且愿意做，才能显示出你的才干，才能让领导觉得你不可或缺。

我们一再强调，考卷上最难的题目，是给进清华和北大的考生准备的。同理，工作中的难题，也是给公司的精英人才准备的。你只有胜任难度更高的工作，能够应对公司遇到的更为复杂的情况，能够帮领导分担本该属于他却无法及时完成的事务，能够解决公司从未遇到的新问题，才说明你有更大的精力、更多的热情和更好的"利用价值"。其实同样是用来打电话，为什么大家都喜欢智能手机？因为智能手机还有更多功能，它不但能完成"本职工作"——和别人通话、发信息，它还能满足手机用户更多的需求——上网，玩游戏，看电子书。所以，智能手机比普通手机被购买的机会就多，尽管它的价格要比普通手机高出很多倍。职场也是如此，你能做的事越多，你解决难题的能力越强，你被"购买"的机会才越多，你的"价格"才越高，而"用户"也越欢迎你加入到他的团队中去。

当电脑开始应用到工作环境中时，绝大部分人还不会操作，更别说要让办公室的电脑联网了。当王平心作为一名求职者等候在某出版社发行部时，他看到发行部的职员们为了让电脑联网，绞尽脑汁，汗流浃背，但怎么也无法连通。王平心主动提出，他可以帮他们连接网络。联网的问题解决后，他还主动教大家如何利用网络资源，又如何让局域网方便大家工作。

当出版社社长召集发行部主任、编辑部主任、印制部主任，讨论在几个应聘者里该挑选哪一个时，发行部主任要求让那个懂计算机技术的人留下。社长说，他是大专学历，我们要求本科学历，所以，他不在备选范围内。但发行部主任、编辑部主任、印制部主任都相继提出，我们需要一名懂计算机的同事。

就是这样，机会就在于主动帮助别人解决难题的过程中。

当你的领导想要开发一个新的项目，人手却不够时，你应该主动请缨，领导不可能让一个职员承担两个人的任务，因为这对任务本身来说也毫无益处，所以，暂时的支援，对于公司来说，就像雪中送炭一样。

当你的同事无法完成一件任务时，不要等着看他

的笑话，而要热情主动地帮他解决问题。在公司里，大家做任何事都是为公司，如果领导知道你明明会做，却袖手旁观，会比责怪同事更多地责怪你。

如果你的顾客向你提出了超出你权限范围的要求，不要以公司规定为挡箭牌，你虽然没有权限，但你有爱心，有比你的顾客更熟悉业务范畴的经验，你应该尽你的能力帮助他认识问题，解决问题，哪怕要冒一定的风险，但结果如果是为公司着想，就应该采取先前没有过的措施来帮助顾客，直到对方满意为止。

在你自己的工作中，如果增加难度，却能够给公司带来更多效益，请你也一定要抓住这样的机会。因为效益是公司永远追求的主题，而难度较高的工作，一旦熟练或进入流程，也就不难了，而公司会因为你的功绩在职位和薪水方面回报你。

创造性地接受挑战

在工作中，我们常常会遇到一些看似无法完成的任务。然而这些任务之所以不能完成，并不是因为难度太高，而是因为我们的勇气不佳。遇到困难，习惯退缩，这是职场人员最大的忌讳。迎难而上，用创意迎接挑战，深入研究，寻觅各种可能的办法，才是优

秀员工的素质。

你的领导管理着一栋10层办公楼，在这座楼建立的年代，在这里租用办公间的人不多，办公室也很宽大。但是随着房价的日渐飙升，大办公室被隔成了小办公室，而每个办公室里都人满为患。随着人数的增加，先前的两部电梯显得过于拥挤，很多职员抱怨等电梯时间过长，甚至总是拿乘电梯困难作为迟到的借口，租用办公间的老板们希望物业管理者解决这个问题。

你的领导把任务交给了你，你觉得该怎么办呢？

增加户外电梯？提高租赁价格，赶走一部分顾客？还是让他们错开上下班的时间？

这可能会解决问题，但成本和风险都很高。

当芝加哥的一名职员接到这样的任务时，她在四张写满了方法的A4纸最后面，写上了最后一个方法：安上镜子。

当人们在等电梯时，看到墙面上安装了落地镜，就没那么不耐烦了。很多人正好利用等电梯的时间，补补妆，揪揪因挤车而歪斜的领带，更多的时候，在镜子里欣赏一下自己。

等电梯不耐烦的问题就这样被解决了。

如果心里只想着"那太难了"，你就一定不能做到，或者一定做不好。当你接受一个任务时，你千万不要把"难"这个字摆出来，而是要把"做"这个字摆出来。集中注意力，突破常规，跳出习以为常的条条框框，发挥创造性，寻找各种各样的方法，尝试不同的组合方案和策略，一条条列举，一条条排除，直到找到最好的解决办法。

你也可以寻求别人的帮助，几个同事凑在一起，发动头脑风暴，一人出一个主意。你甚至可以向对你的业务完全不了解的家人寻求帮助，有时候旁观者清，你深陷谜团，别人却可以轻易为你指点迷津。

某制衣厂接到一个大订单，这对于厂子来说，是千载难逢的机会，但厂子的设备有限，工人有限，在对方要求的时限内，绝对不可能完成订单。完不成，就要赔付合同规定的罚款；而不接收订单，又会失去获取巨额报酬的机会，怎么办？

有个职员提出一个想法，我们可以找附近的其他制衣厂帮我们生产，虽然会失去70%的加工费，但我们至少赚到了属于我们的30%。这个想法被领导采纳，最终圆满完成了这个大订单。后来这个制衣厂发挥自己

善于对外联络的优势，不再加工服装，而专做订单，这也是贴牌生产的由来。

总之，只要你想做，并且想尽方法去做，再难的问题，都可以被创造性地解决。

态度积极，坏事也能变好事

中国有句古话，叫作塞翁失马焉知非福。

我们可以从两个方面来理解。

第一，事情是发展变化的，今天看来是很不幸的事，也许将来会因为这个情况的存在，不幸变成了幸运。

有一个访问学者，在英国伦敦被人骗了300英镑。

他手上本来只有100英镑，为了交房租，他临时跟朋友借了200英镑。在路上，有人在赌钱，如果赌赢了，300英镑就会变成600英镑，他看这个赌局其实很简单，便想这是个很好的机会，如果得到600英镑，他不但能把朋友的钱还了，把房租交了，自己还剩余100英镑，于是，他押了上去。

当然，天下哪有那么好的事，他的300英镑都输了。

后来他回国，开了公司，赚了钱，有朋友就建议他做投资，说是投入300万，能赚300万。他本来都动心了，可是想到在伦敦的遭遇，觉得这种投资其实和那次押宝是一个样的骗局——一些人设好了圈套，就等着你往里钻。

他拒绝了朋友的邀请。结果朋友的朋友们，有好多都投得倾家荡产。

塞翁失马焉知非福，这个层面的意思是告诉我们，如果我们态度积极，做了错事也不一蹶不振，而是从错误中汲取有益的经验教训，那么我们会在将来遇到的事情当中做出正确的选择。

很多优秀的销售人员，都善于从错误中改进销售技巧。一个顾客走了，业务没有成交，他会总结，是自己最后那句话，导致顾客对他的产品失去了信任。另外一个顾客走了，他会发现，其实同样的话会对不同的顾客起的作用是相反的，那么他学会了针对不同的顾客说出不同的话。就是这样不断地积极地从错误和失败中学习，他最终掌握了最为精妙的销售技巧。

第二，就是我们可以把现在遇到的坏事变成好事。

曾经，克利尔通讯公司遇到了一个很大的麻烦，有很多市民打他们公司的电话，严重干扰了他们的正常工作。原来，该公司的电话号码被错误地印刷到了政府机构免费发放的小册子上。

公司的一名职员很聪明，他建议公司，与其艰难地向政府要求赔偿，不如就将这个电话号码卖给政府，并让政府登报发出启示，以此告之公司客户，他们的电话号码已经更换。

这个想法不但解决了两个组织的难题，更让该公司在政府的公告中得到了宣传，可谓名利双收。

任何事情都有积极的一面，能够将坏事变成好事，更说明职场人员作为推动公司发展起主体作用的重要性。在这个过程当中，我们切记不要做一件事，那就是抱怨。抱怨，其实就是把责任推给别人，认为如果状况不是这样，你就不会遇到这么大的麻烦。把责任推给别人，就等着别人给你收拾烂摊子，一旦别人的措施不能令你满意，你就会继续抱怨。这样，问题不但得不到解决，可能还会变得更糟糕。

遇到棘手的问题，就想也不想地将它推给上司或其他同事解决，等于是自己亲手埋葬了发挥才干的机会。

正确的做法是，遇到问题，无所畏惧，冷静地判断问题可能产生的影响，认真地思考问题发生的原因以及以前是否有过类似的情况发生，调查导致问题发生的环境因素，弄清楚这些因素会不会随着时间的变化发生改变，设想如果做出调整，问题会朝什么方向发展。

只要态度积极，遇事立刻开动脑筋思考，权衡各种可供选择的方案，分析其利弊得失，从而找到最佳的行动路径，并马上采取措施，坏事就有可能变成好事。

从现在起就行动

演讲大师安东尼·罗宾说："成功者与失败者的区别，仅仅在于前者付诸了实际行动。"

想要尽快完成任务，就现在起开始做有利于任务推动的事情；想要改善工作环境，也从现在就开始做让你的工作环境有希望变化的事情。如果不做，任何想法，都不能实现；如果去做，好像很遥远的目标，也有达到的可能。

我们产生烦恼、压力乃至倦怠的原因，常常就在于"想得太多，做得太少"！如果我们真的想改变目前的不良状态，最好的、唯一的做法，就是转变态度，从现在起就行动起来。

在一家电报公司的走廊里，挤满了前来应聘的求职者。已经过了两个小时了，没有一个人被叫到办公室去参加面试，大家不知道什么原因，都交头接耳，议论不休，走廊里吵吵闹闹。

这时候最后来了一名应聘者，他坐下来不到三分钟，就站起来进了面试的办公室。

很快，面试官出来通知，面试完毕。

有人就很生气地问："都没叫我们进去面试，为什么就完毕了呢？这不是叫我们白来一趟吗？"

面试官说："我一直在发电报讯号，叫你们进去面试，但你们没有一个人进来，除了这名应聘者。"他旁边站的是最后到场的那个人。

在职场当中，有很多事情就在那里，等着你做。很多人之所以找不到事情做，或者觉得无事可做，就在于一个心态：等。等领导的指示，等事情逼到不得不做的时候。殊不知，工作其实就在你身边，就在你眼里，在你耳朵里，关键看你是否用心。

中国老板最喜欢的是那些眼明手快、眼睛里有活儿、有眼力见儿的人，光等着别人指一下动一下，不主动思考，也不主动去找事做，以为只要没有任务，

没有要求，没有现成的事干，那就是没有工作，乐得清闲，觉得这种工作状态很舒服，那样的人迟早会被炒掉。

所以，认为哪些事情该做，就应该立刻采取行动，而不要等别人交代。

如今的职场，存在太多的可变因素，不管公司大小，管理层都越来越没办法在第一时间了解公司面临的问题，也不可能在第一时间向所有人针对所有事发出指令。因此，消极被动地等待上司的指示，其实是对公司不负责任的一种表现，你可能因此而让公司蒙受损失，因为管理层未必会了解某个糟糕的问题，也就不可能及时发出指令、采取措施。

老板需要的，是能够时时刻刻为公司着想，是能以主人翁的态度，随时准备投入到为公司解决各种问题的行动中的员工。

第三节
坚持到底，用更好的办法达成目标

哥伦布如果不继续坚持前进，发现新大陆的就一定是别人；爱迪生发明灯泡，总共做了1600多次试验。做成一件事，遇到阻碍是正常的，没有一点阻碍反而要多问自己为什么；克服阻碍，坚持到底，通向成功，这是任何人在做任何事时都要经历的过程。

所以，作为一个成熟的职业人，当你想到一个能增进公司利益的好主意时，当你经过缜密的思考、细致的研究、周全的准备，认定自己的主意确实可以给公司带来利益时，就一定要坚持到底，无论遇到什么样的阻碍，都不要轻言放弃，要抱着坚定的信心和昂扬的激情，努力排除一切障碍，要经受得住暂时的误

解和挫折。

　　在这个过程中，你可能会遇到这样那样的阻碍，可能开始的时候，领导不支持，同事不赞同，在和顾客打交道的时候，没有收到预期的效果，但这并不能说明你的主意不好，只是说明，你没有找到更适合的途径来实现你的想法，或者只是说，时机还未到，人们还看不清楚你所做的到底能给他们带来多大的好处。

　　苏格兰国王罗伯特·布鲁斯，六次被入侵之敌打败，失去了信心。在一个雨天，他躺在茅屋里，看见一只蜘蛛在织网。蜘蛛想把一根丝缠到对面墙上去，六次都没有成功，但经过第七次努力，终于达到目的。罗伯特兴奋地跳了起来，叫道："我也要来第七次！"他组织部队，反击入侵者，终于把敌人赶出了苏格兰。

　　不放弃自己真正信服的想法，就是在遇到阻碍时，再来一次！

考虑调整计划

　　你面前有一堵墙，你想要到墙的那边去，这是个

好主意，因为墙的那边有美景。可是墙很高，你又爬不过去，怎么办？

几乎所有的人在碰到这样的具体问题时，都会想到一个很聪明的办法——绕过去。

然而在工作中，当我们遇到与此几乎雷同的问题时，我们却总是表现得那么不尽如人意——爬不过去，就找石头垫，石头够不上，就找梯子，可是没有梯子，然后用脚踹墙，最后放弃到墙的另一边，懊恼地离开。不是吗？当我们的想法遇到阻碍时，我们常常会找同事帮忙，同事帮不了，就找领导支持，领导不支持，然后就气愤怎么会有这样的阻碍，最后放弃自己的想法。

为什么我们不暂停下来，认真考虑一下，我们是不是还有其他的途径可以推进自己坚信的构想呢？

没有实际有效的计划，即使最精明的人也无法完成任务。要牢记这样一个关键点，当你在执行计划时遇到挫折，这并不代表彻底的失败。这仅仅意味着你的计划不够完善，你需要做的，是再拟定一个计划，重新开始，而不是放弃计划。

星巴克咖啡有一款叫作Frappucciono的冰咖啡饮

料，很受顾客欢迎。但是人们不知道，这款饮料最初推出的时候，公司总部并没有批准。

这款饮料是由一位名叫戴娜·坎皮恩的员工自己调制的，她觉得味道新颖特别，而顾客们也很喜欢。但是当她将饮料和报告提交给公司总部时，总部的回答却是"No"。

但戴娜并没有放弃，她个人太喜欢这饮料的味道，她相信顾客也同样喜欢。因此，她继续向顾客推销这种饮料，并在月底提交了一份销售报告，报告表明这种饮料很受消费者欢迎。

很快，星巴克首席执行官霍华德·舒尔茨亲自打来了电话，称赞她有主见，为公司创造了新的饮品品牌。而事实也证明，Frappucciono是当年全美最畅销的饮品，仅在推出的第一年就为公司赚了1亿美元。

这样的故事并不是教你我行我素、随意违背老板的指令，而是告诉你，在不损害公司利益、不妨碍其他同事正常工作的情况下，如果你还能找到其他的途径，制定更好的计划，来实现你的构想，促进公司利益，你完全可以坚持自己的想法和行动，直至成功。

在想法遇到障碍时，很多人第一个想到的就是

"算了吧！放弃吧！"这太令人遗憾了！

优秀员工会这么做：重新评估自己的构想，判断目前的形势，集中精力，寻找新的可能性；与支持这一想法的同事一起探讨，寻找更好的替代方案；仔细检查准备工作，看还可以利用哪些资源推进自己的构想；尽量降低实施这一想法可能给公司带来的弊端，减少推进构想的阻力；再次和领导沟通，了解领导顾虑的地方，修改实施方案。

向领导提供可选择方案

如今，上下级的界线不像以前那么分明，再加上通讯的便利，很多人甚至可以随时和领导沟通。

但我们不要滥用和领导接触的机会。一方面，领导有自己的很多工作要做，过多的打扰，就算都是为了工作，对他来说也是负担；另一方面，事事都要依赖领导，是无能的表现。这二者最终会让你收到一个共同的结局，那就是让你彻底远离领导。

就算有好的想法，也要选择合适的时机，而所谓合适的时机，就是在那个时间段、那个情境下，领导能接受你的想法的可能性最大。

当领导正为某件事情焦头烂额、苦思冥想的时

候，你推门进去，再好的想法也可能被拒之门外，除非你的想法正好能帮他解决眼前的困境。显然，人是在心情比较放松的情况下，最容易接受别人的建议，因此，当你准备和领导沟通时，要选择他比较清闲的时候。有些人会在集体聚餐时，趁着领导和大家平起平坐的时机，说出自己的想法，这有时候可能会适得其反。因为人在过于兴奋的时候，可能会不理性；一旦领导后悔对你的承诺，你可能已经浪费了很多时间做了不少具体工作。

很多人喜欢在下班以后找领导谈谈自己的想法，你如此热爱工作，的确精神可嘉，但是工作一天的领导，可能已经精疲力尽。据心理学家分析，人一天中在早晨和下午三点钟最容易倾听别人的想法，接受别人的建议。你可以选择这两个时段，或者你也可以根据你的上司具体的情况，观察他在哪个时间段更倾向于和下属交流。

如果你的领导的确很忙，你不妨事先和他打个招呼，说你有重要的事情想要和他沟通，等什么时候他有空余的时间，你再和他谈。这叫预约。预约可以方便别人安排时间，并且能很正式地和你交流，而且时间充足，不会被其他事情打断，更有利于你的构想被

完整倾听，周全考虑，做出决定。

不管任何事情，请不要问领导"怎么办？"因为该做这件事情的是你，不是你的领导。决策上的取舍是领导的责任，但作为工作的具体承担者，你在进一步推动工作尤其是解决工作中存在的问题方面更有发言权。所以，当你不知道该怎么办，的确需要请示领导时，你应该自己先设想几个处理方案或拟定几套执行计划，并将其利弊分析清楚，向领导阐述明白，并提出自己的见解和主张，让领导在基本了解事态发展和你的倾向的基础上，做出选择。

选择题比问答题好做，这谁都知道。就算你的选择方案都不可靠，领导也能从你的方案中引申出其他更好的方案来，这远远比你劈头就问"怎么办"要让人容易接受得多。

如果问题比较复杂，你要主动提出请领导多一些时间去考虑，给领导预留一定的思考和研究时间。当然，越是复杂的问题，你应该提供越发细致的书面材料。如果领导给出的建议，和你事先设想的完全相反，你千万不要抱着那种"反正错了责任也不在我"的态度，而要仔细考虑，领导是否遗漏掉了什么重要的信息，而这个信息本来应该由你提供。

克服阻碍，直到实现目标

精明干练、能办成事情的人，总是清醒冷静、坚定顽强地关注事态变化。当任务遇到阻碍时，他们不会气愤和气馁，而是客观地分析构想遇到阻碍的根本原因，找出应对方案，坚持不懈，直到实现目标。

美国一位退伍军人沃尔特，因在战场上落下残疾，复原后找工作成了困难。在经过数十次求职失败之后，沃尔华特站在了一个木材公司的副总裁面前，"请相信我，不管遇到任何困难，我都会完成您交给我的任务。"

副总裁说："好吧，请帮我做一件事情，如果能完成，我就录用你。我这个周末要出去办一点事情，我的妹妹在犹他州结婚，我要去参加她的婚礼。麻烦你帮我买一件礼物。这个礼物是一只非常漂亮的蓝色花瓶，它就摆在这个镇的一个礼品店的橱窗里。"他把写有礼品店地址的卡片交给了那位退伍军人。退伍军人郑重地对他说："保证完成任务！"

沃尔特立即行动，当他找到卡片上的地址时，却发现那里根本就没有老板说的那个商店，而老板的电话关机了。

很多人在完不成这个任务时，会有这样的理由：你给我的地址是错的，你的手机关机！

但是沃尔特没那么做，他立刻在距离这条街2公里的范围内，询问哪里有卖花瓶的商店，最终他找到了橱窗里摆满蓝色花瓶的商店。但商店门上挂着锁，上面写着：本周暂停营业。

商店不营业，因此买不到花瓶，这样的理由可能谁都会接受。但沃尔特没有带着这个理由去见老板。他找隔壁左右询问这家商店店主的电话号码，当大家都没有电话时，他又买了一个望眼镜，透过橱窗抄下了商店墙上挂着的营业执照，又打电话给营业登记处，要到了电话号码。

打通电话后，商店主人说正在医院照顾病人，不可能为了一只花瓶跑回商店，尽管那只花瓶价格很高，利润不低。沃尔特立刻问清楚对方所在的医院地址，帮对方照顾病人，让对方好有时间取到这只花瓶卖给他。

当沃尔特拿到花瓶时，副总裁乘坐的列车已经开出了站台。沃尔特立刻买了下一趟去往犹他州的车票，就在副总裁要从妹妹的婚宴上离开的时候，沃尔特找到了副总裁。一切还来得及！

周一的早晨，副总裁打电话给沃尔特，说他被正式录用。理由是，众多应试者都无法完成这个故意设定的任务，而他完成了！

很多事情都是这样，如果你坚持完成，就一定能完成。如果你不愿意完成，你就会找到无数的借口。

现代企业需要的，是那些具备"没有任何借口"的精神的人才，是再艰难也能把任务胜利完成的人。而优秀的员工所具备的素质就是，在遇到困难时，不管这个困难有多大，都不会以困难为借口，推脱责任。

完成一件事的方法有很多种

我们常常说，总有一个办法可以解决这个问题。这是在鼓励我们继续努力，无论如何找到那种解决问题的答案。但这会给一部分人带来误解，他们会认为，一个问题，只有一个解决方法。

实际上，每一个问题都有上百种解决方法，甚至上千种，乃至无数种。

1940年，在美国有94个人申请了刮胡刀的专利，你想想，光是刮胡刀就可以发明那么多种！

很多被我们已经穷尽了的创意，还是被再一次突

破了，想想我们小时候用过的夹子，它很方便，可以把散页夹起来，还可以挂在墙上的钉子上。你有没有想过它的不方便，比如把夹好的纸张放到书包里时，夹子突出的部分正好进不去了。于是，在这样的夹子被用了将近一个世纪之后，U型夹被发明出来了。它更简约，更适用，更方便，更灵活。还会有比U型夹更受欢迎的夹子吗？一定有！

处理我们的工作也是如此，当一件事情的一个方法行不通时，你千万不要放弃，因为完成这件事情的方案还有无数种，你需要做的，只是不断地将那些方法找出来。相信这个问题可以被解决，并且方法有无数，你就已经取得了一半的成功。

大英图书馆年久失修，新建了一座图书馆，可是要把浩瀚的藏书搬到新图书馆，还需要350万英镑，这可愁坏了馆长，因为政府资助的钱只剩下150万英镑了。

一个图书管理员提出了自己的想法，搬书，不一定非要请搬家公司，我们可以请市民帮我们搬书。

第二天，大英图书馆在报上发布了一个消息：从即日起，大英图书馆免费、无限量向市民借阅图书，还书地址是新馆，届时还有精美礼品赠送。

很快，图书馆90%的书被借走了。

看起来，没有钱，即使盖好了新图书馆，也没办法将书搬到新馆去，除非有钱，这个问题已经没有解决办法了。然而，另外一个方法，不但顺利地将大部分书搬到了新馆，还让图书馆节约了巨额的搬家费用。

网络上传播着这么一道计算题。

说是有一个农家的院子里有鸡和兔子总共15只，鸡和兔子的腿总共有40只，问你有多少只鸡，多少只兔子。很多人会采用代数的方法，先设鸡有X只，兔子有Y只，然后列一个方程式，求解X和Y。这是很传统的方法，当你被限制使用这种方法时，你还会怎么算？对，你可以拿一些可能的数字来推算，假如鸡是6只，那么……有人找到了一种更为有趣的方法：他让鸡和兔子同时抬起两条腿，鸡坐到了地上，而地上还有剩余的10只兔子腿，那么兔子是5只。就是这么简单！

想到更多的方法、更好的方法其实并不难，你需要做的，就是改变一下你的思考方式。

从小到大，我们都养成了用语言思考的习惯，以后，你要多用视觉思考来审视你的问题。爱因斯坦曾

经说，他很少用语言思考，每当一个问题需要被解决时，他的脑海中最先出现的总是一幅幅图像，然后他才能试着用语言和公式把它们表达出来。

当你有解决不了的问题时，找一沓白纸，在上面画出你的问题，越具体越好，画面要大，大到你把它们贴到墙上，你站在一米外也能看得很清楚，也许你很快就能找到问题的答案了。

我们的思维模式一直是垂直思考，因为这个，所以那个，这样的思考方式是分析的、有序的、有目的性的。然而一旦遇到阻碍，思路就会被打断，我们不能前进，问题无法解决。水平思考，改变原有的观念和认知，不具备逻辑性，但思维可以跳跃，更容易找到解决问题的路径。

水平思考最为突出的特点是，抛开追究这个问题的原因，通过找到其他问题的答案，最后再返回来解决这个问题。比如，如果有人问你"人们为什么得天花？"你怎样展开思路？当年有很多人针对这个问题找遍了原因，其过程烦琐又没有结果。后来有人提出了这样一个问题：为什么挤奶工不得天花？终于，一个困扰人们很久的医学难题被解决了！

做别人不愿做的事

工作中一定会存在一些令大家都很讨厌的事，比如记录会议内容、接听无聊的投诉电话、陪顾客吃饭、修改文本上的错字……这些工作不会带来效益，不会增长经验，不会突出能力，做起来又枯燥又单调，还很浪费时间。于是，很多人对这些工作避之唯恐不及，能躲就躲，能拖就拖。

我们想过没有，和谈妥大订单、做好新项目一样，这些工作，对于公司来说是非常重要的，公司需要有人做这些工作，领导需要有人积极地承担起做这些事情的责任。

一个优秀的员工，一定会常常想着要为公司做需要做的事，不管大事小事，不管有趣没趣，只要是公司需要的，就会努力去做，并且做好。

亚都丽致公司的总裁严长寿，出生很贫寒，23岁退伍时，他由美国运通公司的小职员干起。严长寿秉持"垃圾桶哲学"，把所有同事不愿意处理的琐碎工作及讨厌的事都接过来处理。他每天提前一小时到达办公室，把自己的工作先做一番准备与安排，锻炼出全方位的工作能力，5年后他成为了美国运通台湾分公

司总经理，此后，他又获选为美国运通世界十大杰出经理。

就算当上了经理，他也从来不放弃做那些别人不愿意做的事。在亚都饭店任职时，饭店承接了1992年世界青年总裁会议，他非常深入地参与，大到规划流程，小至每天送什么样的纪念品，他盯紧每一个细节，并且在每一次筹备会议上，均要求各部门重复报告其工作项目和流程，使得大家不厌其烦地熟悉所有琐碎杂务，进而做好一切准备工作。

然而我们现在的很多职场人员，总以为做好本职工作就算尽到了责任，当上司指派额外的任务时，竟然会理直气壮地说："对不起，这不在我的工作范围以内，请您另找别人吧！"你知道吗，你成功地拒绝了上司，也成功地拒绝了自己。一个"只扫门前雪"的人，他扫得再干净，也不会被集体接受。

只有愿意做别人不想做的事，才是替公司出力，才是替领导解围，而且这样的表现，才说明你对公司有责任感，你对自己有上进心。

关注你直接向其报告工作的上司的需求吧！主动要求承担他们讨厌的工作。关注公司有哪些事情是没

人愿意处理的，向上司说明你可以分担这些事务。关注一个项目中被人们忽视的细节，将它们完善。能把别人不愿意做的事情做好，能让乏味的事情变得有意义，正说明你更具备竞争力，这些事情不仅是你学习和成长的机会，更是提升你在公司中的可见度和影响力的机会。

美国管理学家韦特莱指出：成功者所从事的工作，是绝大多数的人不愿意去做的。所以许多时候，他们成功只是因为他们做了其他人不以为然、不愿意去做的事情而已。